susanna barbaglia

THEODOROS

il cane venuto dalle stelle

#readingwithlove

#readingwithlove

ISBN: 9791280555014

Prima edizione 2020
Seconda edizione

Foto di copertina: Mario Nodari

Disegno, grafica di copertina e production: Alessandro Nodari

© 2021 #readingwithlove

Seguici su Facebook (Reading with love), Instagram
(readingwithlove_official) e sul nostro sito
www.readingwithlove.it

*"La cura in termini di guarigione
la si ottiene solo con la follia dell'amore"*
(Carl Gustav Jung)

Cosa succede quando il tuo cuore si spezza?

Cosa succede quando perdi qualcuno di determinante per la tua vita affettiva?

O quando un tradimento, una delusione, una ferita sentimentale profonda si infilano dentro la tua anima come una lama nel burro e la devastano?

Durante il corso della vita, più si va avanti, più sono tanti purtroppo, i traumi affettivi che fanno a pezzi il nostro cuore e anche la perdita dei nostri cani - il cui unico difetto è di avere una vita più breve della nostra – può diventare un'impasse difficilissima, anche perché hai ritegno a parlarne, quasi te ne vergogni, e questo rischia di creare una pericolosa massa compressa di dolore nella tua anima.

Non so tu, ma io ho capito che l'unica medicina in grado di rimarginare quei solchi è l'amore. Ancora e sempre l'amore.

Dato e ricevuto.

E sicuramente un amore con la A maiuscola e assoluto è qualcosa di molto raro. Se ci pensi, solo tua madre e un cane, in modi differenti, ma altrettanto indubitabili, te lo possono garantire.

Ecco perché ho deciso di raccontarti la magia della mia storia con Theodoros (o Theo), "dono di Dio".

Una storia che vivrai anche molto attraverso le immagini perché, per una come me che sa cosa significa starsene rinchiusi dentro a un mondo inviolabile (come capirai più avanti), molto spesso, sono più forti le fotografie delle parole.

Credo anche che questi miei appunti possano aiutarti se ti trovi nel buio di un vuoto senza ritorno, se non credi che i miracoli d'amore esistano, se hai bisogno della speranza di un sogno per poter riconoscere la via per ritrovare la luce.

UNO

L'ultimo Bulldog

Prima di Theo c'era Joy e prima di Joy c'era Lulù.

Potrei iniziare così la straordinaria, meravigliosa storia che mi ha legato all'ultimo cane che ho adottato il 28 giugno del 2019.

Ma è necessaria una breve premessa.

Cani ne ho avuti sempre. Per una sorta di bisogno congenito di una relazione atavica, forte, silenziosa, totale e autentica come solo questi animali possono dare.

Parlare non è mai stato il mio forte, tanto che ho iniziato a esprimermi solo dopo i due anni e mezzo, e con una lingua improbabile e comprensibile soltanto a uno zio acquisito, visionario come me, che mi traduceva anche per mia madre.

Be' sì, stai pensando bene, qualche blando problema nello spettro autistico dovevo averlo.

Oggi mi avrebbero sicuramente catalogato in quell'area di patologie.

Tuttavia (e lo ricordo ancora!) mi spiegavo benissimo con la gigantesca lupa del tabaccaio sotto casa, attraverso abbracci stretti, immersioni del viso nel pelo folto del suo collo, inebrianti annusamenti del suo odore animale.

Io stavo bene così, così capivo tutto della vita ed esprimevo il mio sentire con il linguaggio dei sensi più basici e profondi.

Da quel preciso momento, non ho più potuto rinunciare ad avere un cane. Ne ho avuti tantissimi. Acquistati, adottati, salvati, ma da sempre covavo un sogno segreto: incontrare un Bulldog Inglese.

Ne sono sempre stata attratta senza nemmeno bene capire perché, se non che i Bulldog mi sembravano esseri arrivati direttamente dai miei sogni infantili. Credo di essere sempre stata affascinata dal loro corpo massiccio e fragile, da quel muso grande che in realtà è una faccia mai uguale, dalla loro dignità e dalla potente comunicazione empatica trasmessa dal loro sguardo.

Ho già scritto un libro sul mio rapporto con i Bulldog Inglesi (ora non vorrei sembrarti una *addicted* maniacale, ma è proprio con loro che ho ritrovato me stessa!) dove riunisco note di vita ed emozioni, alcune delle quali riemergeranno via via nella storia che sto per raccontarti.

DUE

L'incontro
(23 giugno 2019)

Sono quasi le 10 del mattino di domenica. E io qui non ci volevo venire, proprio no. È un piccolo rifugio seminascosto nel retro di una fabbrica vicino a Varese. M'incammino a piedi con mio marito dopo aver posteggiato la macchina in uno spiazzo sterrato e stiamo costeggiando il recinto con i cani in libertà.

Lo vedo subito, di schiena, nel mezzo di un gruppo. Mi paralizzo e mi si ferma il cuore per un attimo.

Ma perché e come sono arrivata fin qui?

Lo avevo visto, sì, quell'annuncio su Facebook. ma avevo fatto scorrere velocemente il mouse per non guardare di più.

Il mio cuore appena spezzato non poteva reggere, mi faceva male, avvertivo un vero e proprio dolore sordo in mezzo al petto.

Joy, la mia Bulldog Inglese di nove anni e mezzo, la mia compagna, il mio spirito guida, la mia complice, amica, sorella, musa, vice-madre, se ne era andata tra le mie braccia, proprio sul cuore, solo quattro giorni prima, dopo una settimana di sofferenza indicibile sopportata con dignità, orgoglio e pudore, e di cure inutili contro un tumore fulminante al cervelletto.

In quei suoi ultimi attimi avevo rivissuto lo shock della morte di Lulù, la mia prima meravigliosa Bulldog, pensando da stupida di essere tragicamente preparata a quel *puf* che spegne in un secondo il grande cuore di questi cani e che ti lascia nel vuoto più totale, in un silenzio insopportabile che parla di sogni, amore, magia, senso di appartenenza, allegria, infanzia, follia perduti per sempre.

***

(prima)

Se ami un Bulldog Inglese, fin dal primo momento in cui lo stringi fra le braccia, temi che stia per morire per quel suo respiro sempre un po' affannato. Per dieci anni con Lulù e nove e mezzo con Joy, non è passato giorno per me senza quel pensiero fisso. Ma il Bulldog, questo strano cane-non cane, t'insegna da subito a sdrammatizzare, a guardare oltre, a fare del viaggio pur breve con te un bagaglio d'amore preziosissimo, totalizzante.

Non piangere se ora me ne devo andare, l'importante è che ci siamo incontrati e siamo stati insieme.

Ho sempre creduto alla leggenda inglese che vuole destinare l'ampio torace dei Bulldog al contenimento delle anime dei cani della nostra vita. Un'unica anima in realtà che, vivendo il cane molto meno di noi umani, trasmigrerebbe in un altro suo simile per poterci accompagnare nel percorso di tutta la nostra vita.

A Joy, quindi, avevo promesso che dopo di lei avrei cercato la sua anima in un Bulldog abbandonato, anche anziano, così, dandomi tempo, senza fretta, avevo iniziato già dal giorno successivo alla sua morte a valutare i post dei rescue di razza con il pensiero agli altri due cani di casa, una dei quali molto problematica. Salvata da una *perrera* spagnola, con alle spalle una storia di estrema violenza, Kuki (mezza Pinscher e mezza Chihuahua) era sempre stata molto aggressiva con Joy. L'altro, Meo, un tenerissimo Yorkie, al contrario, era prostrato e in pieno lutto per la perdita della sua adorata compagna.

***

Dunque sì, quell'annuncio l'avevo visto e sfuggito con terrore. Anzi, era stato proprio il primo che avevo visto. Dalla mia rapida occhiata, il cane sembrava vecchio, malato, con le unghie lunghissime, ricoperto di ferite e rogna demodettica, con gli occhi cisposi. *Via via, scappa* mi ero detta senza leggere nemmeno una parola del post.

In quella primissima e alla fine unica ricerca, avevo invece individuato un cane che avrebbe potuto essere adatto alla mia situazione familiare, così avevo mandato una mail al contatto di riferimento del gruppo di appassionati di razza e volontari che ne gestiva l'adozione per approfondirne le informazioni. La risposta arrivò immediatamente: ero talmente in una bolla atroce di dolore che non avevo collegato l'indirizzo di *Amantibulldog Italia* con Anita, amica in Facebook,

della quale solo pochi giorni prima avevo seguito e condiviso nei social la straziante perdita del suo Bulldog.

Non m'importa se ora pensi che sono una visionaria, perché è vero, lo sono. Con le mie Bulldog ho molto allenato quel canale sensoriale atavico, infantile, che troppo spesso da adulti trascuriamo e, grazie a questo, ho immediatamente sentito attivarsi tra Anita e me i legami di un'intesa profonda. Mentre io le chiedevo informazioni del cane per il quale le avevo scritto, infatti, con una dolcissima determinazione, con una convinzione discreta ma ferrea, lei continuava a spostare la mia attenzione proprio su quel post che avevo sfuggito con tutta me stessa.

Mi aveva spinto a guardare le immagini e a leggere la storia di Bolt: 15 mesi - dunque ancora cucciolo - sordo dalla nascita, abbandonato per metà della sua vita in una cassa su un balcone da solo, ferito dall'altro cane di casa e mai curato.

Quelle foto naturalmente mi avevano sconvolta.

E avevo pianto, ma per la prima volta dal suo ultimo volo, non per Joy. Piangevo per Bolt, per tutti i cani e gli animali vittime di tanta orribile violenza umana mentre il muso sorridente di Joy si sovrapponeva nella mia mente a quello distrutto dalla dermatosi di Bolt, lo sguardo limpido e felice della mia cagnolona a quello rassegnato e spento di quella povera creatura.

I messaggi di Joy

Scoprii che Bolt era stato recuperato proprio il giorno della morte di Joy e questo mi parve un primo preciso segnale del mio cane appena perduto.

Volevo andare a conoscerlo e allo stesso tempo non volevo.

Mi dibattevo tra la confusione emotiva più incontrollata e il panico di non farcela.

Fu ancora una volta Anita a insistere e a propormi di trovarci la mattina seguente al rifugio di *Forza Rescue Dog* a Varese che lo ospitava. «Senza alcun impegno», aggiunse.

La sera stessa, mandai un messaggio in Whatsapp al mio veterinario e la conversazione fra noi andò testualmente così:

Io: *"Tino, preparati, penso di prendere il Bulldog più conciato d'Italia"* (a seguire tre foto del cane)

Tino: *"E no cazzo, io ti presento un mio collega bravo"*

Io: *"Vado domattina alle 10 a vederlo"*

Tino: *"Allora lo sento, già è nostro"*

Io: *"Deve essere Bulldog, lo sai, e ne salverò uno, il peggio. Vuoi subito il quadro clinico o te lo risparmio?"*

Tino: *"Non pensavo che Joy ti avesse già mandato un sostituto, anche in questo è stata brava... Voglio vedere il quadro clinico anche se già ho idee precise"*

Io: *"Eccolo:*

Provincia di Varese

Recuperato da noi oggi (19.06.2019) in pessime condizioni. Ecco il suo quadro clinico:

- Demodex

- Otite bilaterale purulenta

- Piodermite grave generalizzata

- Miasi da larve di mosche

- Grave infezione all'arto anteriore destro (da morso)

- Grave infezione da morso sotto orecchio sinistro

- *Congiuntivite*

Lo stiamo curando, siamo già a 400 euro di spese medicinali. <u>cerchiamo madrine e padrini a distanza</u> per aiutarci a sostenere tutte le spese delle sue cure. Adora il contatto con le persone e ama all'infinito i bimbi, è sordo.

Dateci una mano per favore... La vita con Bolt è stata già molto dura. Facciamogli conoscere l'amore delle cure e della famiglia"

Tino: *"Vorrà dire che d'ora in poi lavorerò solo per te. Portalo a casa, lo tireremo fuori"*

In quella chat, la frase di Tino che fra tutte mi fucilò, fu l'accenno a Joy come tempestiva mandante di un suo sostituto. Era così insolita per l'uomo che è il mio veterinario - sensibile certo, ma anche molto pragmatico e realista – e mi arrivò dritto nell'anima come un secondo segnale forte di Joy.

Tino aveva molto amato la mia Joy. Nell'ultima sua settimana di vita veniva a casa due volte al giorno per visitarla con la speranza di non dover essere costretto a decidere di addormentarla per sempre. Sulle sue spoglie, commosso, le aveva sussurrato un «Grazie» proprio per avergli evitato quell'ulteriore strazio ed essersene andata da sola.

Ormai ne ero sicura: l'anima di Joy mi stava chiamando forte e chiara attraverso Bolt!

Ecco, ora puoi capire perché adesso sono qui, al rifugio di Varese, e dal cancello individuo subito Bolt, in mezzo agli altri cani. Da dietro. Quella schiena incurvata, quelle zampe incerte, quelle

lesioni su tutto il corpo. Nel mio cuore sento scoppiare in un nanosecondo una bomba d'amore, e senza neppure averlo guardato negli occhi. Quegli occhi che arrivano subito dopo a bucarmi l'anima, quando con il muso in su Bolt si appoggia alle mie gambe: occhi dolcissimi e profondi, tristi e dignitosi, consapevoli e rassegnati, ma pronti a cercare fiduciosi un aggancio in quelli di chi fosse mai

16

disposto ad accoglierlo per la vita. C'è Anita e ci sono le ragazze bravissime del rifugio che gli hanno prestato le prime cure, e credo che per tutti sia palese che Bolt è già mio.

Sono costretta però a prendere tempo e decido di ritirarlo venerdì prossimo, perché in questa settimana ho appuntamenti di lavoro improrogabili che mi impedirebbero di dedicarmi totalmente a lui come è necessario che sia.

Nei giorni sospesi dell'attesa, ogni pensiero per Bolt è come una carezza al mio dolore. Sento che io curerò le sue ferite nel corpo e nell'anima, ma che lui fin dal primo momento ha già iniziato a ricomporre come in un puzzle i pezzi del mio cuore.

E sento la presenza di Joy qui, sempre qui, viva, accanto a me.

So che mi ha spinto lei da Bolt con poderose sederate astrali, e senza perdere troppo tempo. Riesco perfino a vederla "sorridere" vicino a me.

Ho deciso di chiamarlo Thèodoros-Theo.

Un'amica in tempi non ancora sospetti, mi aveva mandato il significato di un nome che mi aveva molto colpito: l'aramaico Tadday, che deriva dal greco Thèodos e Thèodoros, con il significato di "dono di Dio". È lui, è il mio Theo-dono di Dio e

dono di Joy.

Te l'ho già detto, sono una visionaria, con i miei Bulldog ho sempre dialogato su un piano onirico-archetipico e la sera prima di andare a prendere Theo, ho sognato Joy. Bella e vivace che correva in una strada. Io la chiamavo, ma lei non mi sentiva perché era sorda. Come Theodoros. Ero disperata quando poi l'avevo persa di vista e mi ero decisa a tornare a casa. Quasi subito, però, la sentii abbaiare sotto la finestra. Mi affacciai e la vidi immersa in una luce multicolore, con il muso alzato e gli occhi inchiodati nei miei. Poi, con uno scatto si girò e sparì nel vuoto.

Il sogno è stato il modo di Joy di consegnarmi Theodoros.
Il suo passaggio di testimone.

Con Theodoros, l'ultimo dono di Joy, fra poche ore inizieremo il nostro viaggio. Le sue paure si perderanno nei miei abbracci, le sue ferite di corpo e anima saranno affidate alle mie mani e al mio cuore. Riuscirò a salvarlo?

TRE

Vieni via con me
(28 giugno 2019)

Mi sembra quasi di sentire battere il mio cuore all'esterno di me stessa qui, al recinto del rifugio. Sono venuta a ritirare Bolt-Theo. Per portarlo a casa. Per sempre. Per tutto il tempo che il Destino ci regalerà. Lo intravedo ancora da lontano e ancora risento scoppiare dentro di me quella irrefrenabile bomba d'amore.

Sta vicino a un maltesino con una zampa posteriore deformata da qualche trauma. Mi dicono che il piccolo si chiama Nube ed è il compagno di Bolt, la sua guida.

Nube capisce che sta per succedere qualcosa al suo amico, è agitato e gli sta appiccicato protettivo.

Standoci a una spanna osserva me e mio marito, in ginocchio, accarezzare Theo che ora appoggia il testone alle nostre gambe.

Difficile capire cosa sta provando Theodoros.

Incredulità? Speranza? Paura?

La sensazione più forte che mi trasmette è soprattutto qualcosa di fisico: lui si appoggia a me e allo stesso tempo mi sostiene.

È tranquillo, per niente agitato. Consapevole.

Ci guardiamo negli occhi e mi sembra un vecchio saggio il cui sguardo ha raccolto di tutto, in questa e in mille altre vite prima.

Da dove vieni Theodoros?

Io vengo dalle stelle. Arrivo da un luogo magico oltre il tempo e la luce e sono qui per te. Nemmeno tutto il dolore passato mi ha piegato perché sapevo che ci saremmo incontrati. Non sento la tua voce, ma sento nitida e chiara la musica della tua anima.

Inutile negarlo. La vista di Theodoros sarebbe respingente per chiunque.

Emana un cattivo odore molto forte, è coperto di ferite e spellature, ha una zampa infetta e gonfia, e

zoppica terribilmente al punto di non riuscire a fare pipì "da maschio", alzando una zampa.

Eppure lo stringo forte a me, commossa alle lacrime.

Il piccolo Nube segue preoccupato ogni momento della vestizione di Theo.

Nessuna pettorina fra quelle che ho portato funziona per lui: il suo corpo piccolo, rachitico e deformato da una prominente gobba sulla colonna vertebrale non si adatta a quelle fatte ad H di Joy e le ragazze del rifugio sono costrette a darmene una delle loro.

Siamo pronti. Ho firmato i documenti, ora Theodoros è mio.

Lo accompagno verso la macchina mentre lui tiene il muso girato a guardare Nube che ci segue a pochi passi con quella sua zampetta storta. Poi, il piccolino capisce. Si ferma sulla soglia del recinto.

E i loro occhi rimangono agganciati anche attraverso i finestrini finché la nostra auto non sparisce dietro la siepe.

Mi commuovo e continuo a piangere: per non separarli avrei adottato anche Nube, ma ho già così tanti pensieri per l'inserimento di Theo fra i miei due piccoli. E così tante paure: di non farcela, di

non essere all'altezza di accompagnare questo cane
in un percorso di rinascita tanto difficile e incerto.

In macchina, mio marito guida e io sto dietro
con Theo.

Al rifugio mi hanno avvisato che dell'auto ha
paura e che, quando ha paura, se la fa addosso.

Invece.

Non ansima, non è agitato, e mi sta incollato al
petto con il muso in su, appoggiato allo schienale.

Una posizione che nei giorni a venire avrei
capito essere una sua particolare attitudine: forse in
quella scatola sul balcone stava così? Nella
speranza di veder comparire un'anima gentile? Per
parlare con la luna? Per guardare le nuvole in cielo?
Il sole? La pioggia?

*O forse, Theodoros, aspettavi di veder
comparire me?*

I suoi occhi visti così da vicino sembrano
truccati con il kajal, a parte una piccola pezzatura
bianca a V che interrompe il nero e che sembra la
lacrima di un clown al contrario.

È bellissimo. Bello di quella bellezza che non si
può descrivere perché non si vede. Perché arriva da
qualcosa di antico, archetipico.

Theodoros, sei bello come un sogno!

QUATTRO

(prima)

E io finalmente torno a parlare

Da piccola, come ti ho detto, non parlavo.

O meglio, parlavo silenziosamente con interlocutori improbabili.

Le mie mani, per esempio.

Che cosa magica le mani. Mi osservavo per ore aprirle e chiuderle nella penombra come piccole foglie d'autunno, e mi affascinavano.

Erano l'unico elemento del mio corpo che mi piaceva, che mi incuriosiva.

Con le mie mani parlavo di tutto usando il mio linguaggio preferito, quello delle emozioni. Forse è per questo che, crescendo, proprio le mani sono state la parte di me più colpita.

Infatti, a un certo punto, si sono completamente distrutte da sole.

A causa di una grave fragilità ossea, si erano frantumate in modo irreversibile costringendomi a portare due orribili tutori.

Fu un medico fantastico, chiropratico e agopuntore, dopo tre anni di tortura, a risolvere parzialmente il problema, sfruttando (insieme a terapie dolci e risolutive) un canale che non poteva sapere quanto fosse per me consueto: «Se avverte ancora tanto dolore, non si sforzi di usare le mani. Quando va a letto la sera, prima di dormire, chiuda gli occhi e immagini di aprirle e chiuderle tenendole in realtà rigorosamente ferme. Il nostro corpo ha una memoria di ferro: in breve tempo scoprirà che si muoveranno di nuovo da sole, anche se non riacquisteranno mai più la loro totale funzionalità».

Ed è stato proprio così.

Dopo meno di un mese, le mie mani riuscivano a reggere piccoli pesi senza dolore e, piano piano, ricostruirono una minima muscolatura al posto dell'articolazione distrutta.

Ma ripensando alla mia infanzia, dopo che con le mie mani, parlai con i cani grazie alla lupa del tabaccaio.

E con quella lupa feci un notevole balzo in avanti perché finalmente lei mi portò fuori da me stessa.

Non che questo peraltro mi abbia aiutato più in fretta a parlare veramente, intendo con la voce e le parole. Per quello c'è voluto ancora un bel po'. Non solo, ma in generale anche durante tutti gli anni di lavoro, negli incontri pubblici o semplicemente nelle relazioni interpersonali, parlare mi procurava molta ansia.

Molto spesso, in momenti particolarmente emotivi, sono arrivata addirittura a balbettare per la paura di esprimere opinioni o emozioni.

Devo moltissimo alla psicoanalisi per un recupero decente della parola verbale e per la consapevolezza della mia fragilità emotiva, tuttavia credo fermamente che il supporto dei miei cani, in particolare dei miei Bulldog, sia stato ancora più importante per l'allenamento costante di quel famoso canale sensoriale atavico che mi ha sempre permesso di lasciarmi totalmente andare a dialogare comunque, in un magico silenzio empatico.

Come farò senza di te?

Mi resi conto pienamente della potenza di quel canale con la mia prima Bulldog: fin da cucciola lei amava appoggiare il suo torace al mio petto («Facciamo cuore-cuore?», le dicevo), il testone sulla mia spalla e, mentre i nostri cuori battevano uno contro l'altro, "parlavamo" con le nostre anime. Così, fino all'ultima sera della sua vita, quando stanca e abbandonata su di me, mi avvisò con uno sguardo inequivocabile e autorevole che era arrivato il momento del nostro distacco.

E io? Come farò senza di te?

Non mi perderai, lo sai… mi riconoscerai in un altro cane come me, con un occhio diverso dall'altro.

Lulù aveva una pezzatura che le divideva esattamente a metà la testa: un occhio (quello dolce) affondava nel bianco, l'altro (quello da dura) era incorniciato dal colore albicocca e per questo motivo, soprattutto allo specchio, il suo muso offriva la possibilità di interpretare due espressioni totalmente opposte.

Scegliere Joy dopo Lulù fu immediato. All'allevatrice allibita non chiesi nemmeno se fosse maschio o femmina quando scoprii che era l'unica della cucciolata con due occhi diversi: sopra al sinistro infatti esibiva una pezzatura nera ad ala di rondine come un'unica pennellata sulla testa tutta bianca.

Con Joy sperimentai fin dal primo momento un'impressionante telepatia, anche a distanza, che ci rendeva sempre connesse. Mai una volta ho equivocato un suo messaggio e viceversa. E come con Lulù, fino al suo ultimo momento di vita.

«Sta solo dormendo» disse mio marito quella sera.

No. Non stava solo dormendo. Io la sentivo. Mi stava chiamando. Mi avvicinai alla sua cuccia e la presi fra le braccia giusto in tempo perché si abbandonasse per sempre sul mio cuore.

Come farò senza di te?

Non mi perderai, lo sai... mi ritroverai in un cane come me che ora sta molto soffrendo.

Ho altri cani, ne ho avuti tantissimi di qualunque genere, li ho adorati tutti, ma confesso di aver provato soltanto con i miei Bulldog questa straordinaria connessione ancestrale.

Tutto ciò per farti capire perché con Theodoros, finalmente, ho ricominciato subito a parlare con l'anima.

CINQUE

Questa è casa tua

Stento a crederci, ma stiamo entrando in casa e Theodoros sembra già essere stato qui. Meo, il mio Yorkie, scodinzola come un matto dalle scale: forse crede che sia tornata Joy, ma poi, quando ci avviciniamo, rimane sorpreso. Felicemente sorpreso. I due si annusano naso contro naso. Si girano intorno più volte. Forse, a sua volta, Meo ricorda a Theodoros il piccolo Nube.

Kuki sta in disparte attenta, vigile. Sta tremando. Ringhia.

Ho paura che aggredisca Theo come faceva con Joy, ma faccio finta di nulla.

La ignoro anche se sono in pieno panico quando Theodoros cautamente le si avvicina.

Sono terrorizzata perché con Joy ho vissuto un vero inferno per ben sei anni. Quando Kuki (4 chili di cane) all'improvviso e senza motivo le si attaccava al collo o alle orecchie con i denti, nemmeno la brava educatrice che a un certo punto avevo interpellato riusciva a farla smettere. Joy arrivava addirittura a mostrare a Kuki la pancia in segno di resa (quando avrebbe facilmente potuto reagire e staccarle la testa!), ma niente da fare. Quelle erano scene per me insostenibili e sono sempre stata costretta a tenere Kuki separata, a distanza di sicurezza da Joy.

Ora quelle scene mi passano una dopo l'altra davanti agli occhi e vorrei correre ad allontanare Kuki da Theodoros, ma so che devo vincermi.

Mi giro di spalle. Non li guardo. Devo lasciarli fare, devo lasciare che si conoscano, devo rischiare. Devo contare su quello che mi ha detto Stéphanie di *Forza Rescue Dog*: «Non ci saranno problemi nell'inserimento di Bolt fra i tuoi cani. Lui è speciale, te ne accorgerai».

E di colpo, come per incanto, Kuki zittisce e si lascia avvicinare e odorare da Theodoros. Con la coda dell'occhio li vedo vicini.

Il peggio è passato!

Un pochino più rilassata, cerco di mettere in pratica da subito i due consigli fondamentali che un esperto di educazione canina mi ha raccomandato:

1) Limitare lo spazio di Theodoros per i primi giorni utilizzando delle barriere (la mia casa è piena di cancelletti grazie ai quali proteggevo Joy da Kuki) e ampliandolo via via che il cane prende conoscenza di ogni ambiente.

2) Trattare fin dal primo momento Theo rigorosamente come un cane normale, evitando pietismi o atteggiamenti troppo protettivi generati dalla pena per il suo stato fisico e dal pensiero delle violenze subìte. «I cani vivono solo il qui e ora (il più grande insegnamento della Psicologia per vivere al meglio!). La vita di Theo quindi inizia oggi, ricordalo bene. Solo così lui dimenticherà al più presto il dolore del suo passato e si abituerà all'amore e alla vicinanza di un umano di riferimento».

Memore di queste indicazioni, accompagno Theodoros in cucina, zona che stamattina avevo già limitata per lui, chiudo da una parte il cancelletto e dall'altra apro una portafinestra sul giardino. I due piccoli osservano attentissimi ogni mia mossa al di là della barriera mentre entro con il nuovo ospite nella ZTL.

Theo mi guarda negli occhi.

Vieni con me?

Lo precedo in giardino e mi siedo per terra, sui sassi. Lui si ferma sulla soglia. Sta riflettendo.

Apro le braccia, aspetto che mi si avvicini spontaneamente.

E lui arriva. Piano piano, senza mai abbandonare i miei occhi.

Arriva proprio dentro alle mie braccia, e

appoggia il testone al mio petto.

Io lo stringo forte cercando di non commuovermi, di non piangere.

Non ti lascio più, Theodoros.
E questa è casa tua.

SEI

Noi ci conoscevamo da sempre

«I primi giorni, in casa, devi tenerlo al guinzaglio perché lui, che è sordo, non si agiti se tu ti sposti, avverta la tua presenza fisica, capisca sempre dove sei e senta di essere ovunque legato a te. Prendi uno di quei lacci sottili, da competizione, che non danno fastidio».

Ligia ai consigli dell'esperto, avevo già preparato l'accessorio e glielo faccio indossare nonostante, paradossalmente, ora l'unica agitata fra me e Theodoros sono io.

Lui è sereno, non stacca mai gli occhi da me e dopo poco capisco con chiarezza che per niente al mondo si allontanerebbe dai miei piedi. Il laccio potrebbe non esserci, non ho bisogno di sollecitarlo tirandolo qua e là mentre giro in cucina per preparare il pranzo.

Questa cosa non serve. Il filo fra noi è invisibile, antico, indistruttibile.
È fatto di magia, poesia, sogno. È fatto d'Amore.

Hai ragione Theodoros. Ora te lo tolgo questo laccio.

Sono tranquilla e decido che anche le barriere con Theodoros sono inutili.

Apro tutti gli spazi dal giardino all'interno.

Che vada dove vuole. Che ispezioni tutto. Che scopra oggetti e angoli.

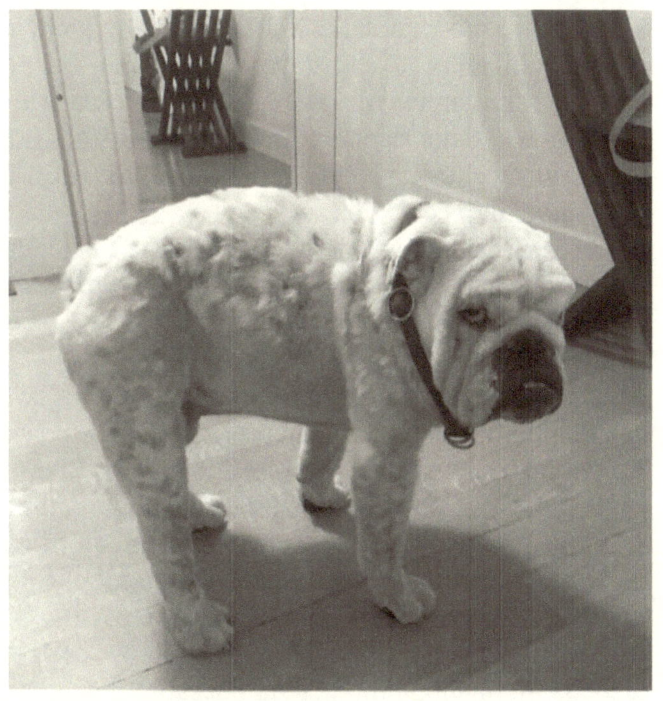

Ora è libero. Per sempre.

Ma lui è troppo provato fisicamente. Stanco. I suoi malanni non gli danno abbastanza autonomia e, appurato che per ora io sto in cucina, si abbandona contro al muro senza perdermi di vista.

In attesa del suo arrivo, mi ero anche preparata sull'alimentazione più corretta.

Al rifugio mi avevano avvisata che Theodoros manifestava un deciso rifiuto al cibo e che avrei dovuto sollecitarlo se non addirittura imboccarlo. Mi avevano anche consigliato di utilizzare il cibo secco in formato piccolo per aiutarlo a ingerire.

Mi sono rifornita delle crocchette anallergiche e di facile digeribilità che davo a Joy dopo averne provate tantissime. In più ho già in casa vari alimenti-test, dalla ricotta più magra, alla carne trita scelta, al tacchino, al pesce, alle uova fresche da aggiungere in piccole dosi.

Ai miei cani ho sempre cercato di dare una dieta variata tenendo di base le crocchette e verificando via via le eventuali intollerabilità.

Per il primo pasto decido di unire al cibo secco un pochino di scatoletta monoproteica. È morbida e Theodoros non dovrebbe faticare a ingerirla.

Preparo la ciotola e nel cibo inserisco in palline di formaggio molle, le vitamine e l'antidolorifico seguendo la tabella precisissima delle terapie che mi hanno consegnato al suo ritiro stamattina.

Mi inginocchio davanti a Theodoros con la scodella in mano, pronta a imboccarlo, ma lui a sorpresa mi si avventa addosso. Tuffa il muso nel cibo e se lo spazzola in un secondo.

È l'Amore il tuo ricostituente principale!

Ma che cos'ha?

Dopo pranzo voglio portare Theodoros a fare un breve giro dell'isolato per fargli conoscere anche il nostro quartiere.

Al posto della pettorina scelgo un laccio di Joy. È un cordone spesso a mezzo-strozzo che imposto larghissimo intorno al suo collo.

Theodoros mi segue attaccato al piede.

Giro un video mentre fa pipì senza riuscire ad alzare la zampa e si siede come le femmine, poi lo invio a Tino. Con lui ho appuntamento domani per un'accurata visita di Theodoros, oggi abbiamo deciso di lasciarlo tranquillo nelle prime ore di ambientamento.

Camminiamo lentamente e osservo ogni sua mossa, ogni sua reazione nei confronti di estranei o di altri cani. È tranquillissimo. Ogni tanto alza lo sguardo verso di me, ma non cambia passo, non lascia il mio piede.
Non ho bisogno di sollecitarlo a seguirmi né di tirare anche solo un poco il laccio.

Il guinzaglio non ci serve, ricordi? Siamo una cosa sola.

Sì è così, ed è emozionante sentire di nuovo che questo cordone fra noi è inutile. È la prima volta che mi capita con un cane. Tuttavia non posso evitarlo. Non rischierei mai in città di portare a spasso un cane libero, figuriamoci lui che non avverte i rumori. Basterebbero una bicicletta o un monopattino, che per pessima abitudine a Milano sfrecciano anche sui marciapiedi, per investirlo.

Mi accorgo che i passanti lo guardano di traverso: alcuni si scansano e si tengono a distanza proprio con aria schifata.
Una mamma allontana il bambino che ci si stava avvicinando (i bambini la sentono subito la magia di

un animale, al di là di ferite e spelature!) e mi chiede con aria allarmata: «Ma… che cos'ha?».

Mi innervosisco: non ho voglia di raccontare niente a persone che non sono in grado di capire. Subito dopo però cerco di immedesimarmi in questa mamma. È ovvio che mai farei avvicinare un cane infetto né ad adulti né tantomeno a bambini, ma questo lei non può saperlo. «Non si preoccupi, non ha nulla di contagioso, ha subìto violenza» le dico, ma è palese che la signora resta diffidente e cambio marciapiede.

Per rispetto di Theodoros che ora appare mortificato (ha subito colto l'atteggiamento di rigetto della donna), decido che d'ora in avanti, finché non avrà un aspetto "presentabile", usciremo in orari protetti: la mattina prestissimo e la sera tardi.

Mi chino e lo accarezzo.

Sei bellissimo Theodoros, ricordatelo. Sei bello come un sogno.

Quando rientriamo Theo è stanco, ma non si stende né si siede finché non capisce dove sto io. Avrei da fare mille cose ma non voglio che lui mi segua su e giù per le scale e decido di portarlo in ascensore a conoscere l'ultimo piano di casa. La mia camera da letto che ora sarà anche la sua.

Per la prima volta però lui si impunta, sull'ascensore non ci vuole salire. Si butta a terra, mi guarda interrogativo e un lampo di paura gli attraversa lo sguardo.

Mi chino, lo accarezzo, lo prendo in braccio e saliamo così. Lui si abbandona e si calma subito.

Gli ho preparato di fianco al mio letto la morbida cuccia di Joy con un enorme peluche fatto a elefante come cuscino.

Theodoros ispeziona e annusa ogni angolo, ogni mobile ma non la sua cuccia. Quella la tiene per ultima. Sembra osservarla stupito, come un oggetto nuovo, strano, alieno. Ci mette dentro le zampe anteriori e non si decide a entrare finché la stanchezza lo vince. Ci si sdraia metà dentro e metà fuori e inizia a russare.

SETTE

I fantasmi arrivano di notte

La nostra prima giornata insieme è passata velocemente e le mie abitudini, in poche ore, sono già tutte cambiate.

Joy, per esempio, sporcava in giardino. Era pigrissima, non amava uscire né camminare. Portarla fuori era un vero tormento, soprattutto negli ultimi anni della sua vita. Se di notte ne aveva bisogno, appoggiava il muso sul letto e mi svegliava con un verso a metà fra l'abbaio e le "fusa" tipiche dei Bulldog Inglesi, poi si piazzava davanti all'ascensore e scendevamo insieme in giardino. Theodoros invece dimostra subito che per lui il giardino è casa.

Ispeziona, odora le tartarughe e le piante, infine si sdraia al sole e mi guarda.

In tutto il giorno mi ha concesso un'unica piccola pipì sui sassi per darmi soddisfazione dopo che mi sono affannata (a gesti) a festeggiare gli attoniti Meo e Kuki durante le loro deiezioni.

Theodoros vorrebbe sempre uscire, gli piace camminare anche se per poco, vuole sporcare fuori.

Theodoros, sei anche un cane molto educato.

Facciamo un giretto nel quartiere e poi finalmente è arrivata l'ora di andare a letto. Sono sfinita. Theodoros di nuovo s'inchioda a terra per non salire in ascensore. Lo riprendo in braccio e lui si abbandona sereno sul mio petto.

In camera mi segue passo passo mentre preparo il letto, i diffusori aromatici, le cucce. Si ferma davanti a una vecchia poltroncina di paglia di Vienna e inizia a rosicchiarla con foga.

Mi avvicino e cerco di staccarlo con dolcezza.

«Lascialo fare, dài. Chissenefrega di quella vecchia sedia? Lui finalmente può fare quello che vuole. E poi Lulù ci ha distrutto tutta la casa, non ti ricordi?».

"Vecchia sedia"? Quello è uno dei pezzi di casa acquistati insieme anni fa e che amiamo di più. Non riconosco mio marito che, da sempre, si lamenta della mia volontà di vivere con più di un cane, ma soprattutto di non poter fare a meno di un Bulldog.

«Domani rifletti bene prima di prendere quel cane. Potrebbe darti un bel po' di problemi e aggiungere dolore al dolore» mi aveva detto alla vigilia dell'incontro con Theodoros. E poi, esattamente come me, di "quel cane" ha confessato di essersi innamorato pazzo al primo sguardo, come mai di nessun altro prima.

Vado in bagno e Theo abbandona subito la poltroncina (ormai semi-distrutta) per seguirmi. Mentre mi lavo si siede ai miei piedi e appoggia il muso in su, contro la mia gamba.

Mi guardi sempre Theodoros?

E tu guardi sempre me?

Tengo la luce da notte accesa per controllare che si addormenti sereno. Si è sistemato finalmente nella cuccia e credo che sia sfinito di stanchezza. Con un occhio al Kindle (anche se non riesco a leggere una riga), lo osservo felice nell'abbandono di un sonno ancora da cucciolo.

Spengo la luce e provo a dormire, nonostante le emozioni accumulate oggi pulsino incessanti dal cuore alla mente.

Nel buio, all'improvviso, sento Theodoros saltare fuori dalla cuccia.

Si avvicina al mio letto, viene ad assicurarsi che io ci sia.

Gli sfioro il muso, lo accarezzo.

Lui si appoggia con tutto il corpo e come suo solito punta il muso in su.

È tutto vero?

È tutto vero, sì. Io sono qui, non stai sognando.

Ritorna alla cuccia, si sdraia di nuovo, si riaddormenta, ma dopo nemmeno un quarto d'ora viene ancora a cercarmi.

La scena si ripete almeno venti volte. Ormai è quasi l'alba, io sono stravolta di stanchezza, ma non mollo. Ogni volta lo rassicuro.

Alle prime luci che filtrano dalle imposte, sono sicura che Theodoros abbia ceduto. Russa, ma respira bene, per fortuna. Ho già capito che, come

spesso capita ai cani della sua razza, non soffre di palato molle e ha narici molto larghe. Almeno questo.

Il suo torace si alza e si abbassa ritmicamente e finalmente anch'io posso chiudere gli occhi almeno un paio d'ore.

Invece, poco dopo, a sorpresa mi sveglia un tonfo sordo. Accendo la luce sul comodino e lo vedo annichilito fuori dalla cuccia, come se all'interno ci fosse entrato un mostro.

Mi alzo e controllo.

Ha fatto pipì nel sonno.

Hai avuto un incubo, Theodoros. Non è niente. Io sono qui.

Cosa pensavi? Forse di essere di nuovo in quella cassa? Su quel balcone?

Sì, ho sognato di essere in quella cassa sul balcone dove facevo tutto. Mangiavo, bevevo (quando qualcuno si ricordava di riempirmi le ciotole) e facevo anche i miei bisogni. Scusami...

Ci sono voluti più di tre mesi da quella prima notte perché i suoi fantasmi si allontanassero (quasi) per sempre.

Gli ho cambiato almeno cinque cucce, finché ho dovuto prenderne una "igienica" e riempirla di tappetini assorbenti perché ogni notte l'incubo riappariva e dal terrore Theodoros se la faceva addosso nel sonno.

OTTO

Dal veterinario

Il giorno seguente si presentano subito due problemi.

Il primo: portare Theodoros dal veterinario dove dovrà affrontare una lunga visita senza che ciò gli provochi timore o stress.

Il secondo: farlo risalire in auto. Capirà che non lo stiamo riconducendo alla vecchia vita?

Anzitutto decido di portare con noi anche i due piccoli, in particolare Meo, che è già diventato la sua guida, il suo punto fermo, il suo compagno di riferimento come lo era stato Nube al rifugio.

Le cose sembrano andare bene: Theodoros decide da solo di occupare il capiente baule della mia Range Rover, i due piccoli si sistemano sul sedile posteriore attrezzato con un contenitore per cani ad amaca, e partiamo.

Dalle mie ripetute occhiate allo specchietto retrovisore, sembra tranquillo, ma so che non lo è. Lo sento.

Infatti non si sdraia. Sta eretto con il muso in su, come suo solito nei momenti di incertezza. Come sono ormai sicura stesse in quella orribile cassa.

Per fortuna quando arriviamo Tino lo prende subito in braccio. Lo coccola, lo accarezza, gli sussurra che diventerà il più bel Bulldog di Milano.

Lo pesa: poco più di 16 chilogrammi. Un nanetto.

Poi lo mette sul lettino e inforca lo stetoscopio.

«Mi dispiace, ha un brutto soffio al cuore».

Stéphanie mi aveva avvisata che avrei dovuto approfondire la situazione cardiaca di Theodoros, ma lo sguardo preoccupato del mio veterinario, di solito così ottimistico contro ogni evidenza, mi lascia di sasso.

«Dovremo prevedere un ecocardiogramma».

Intanto lo accarezza e gli ausculta l'addome.

«La pancia è molto disturbata, ma ci sta. Bisogna fare un'ecografia anche addominale e studiare un'alimentazione speciale, di recupero dopo mesi di malnutrizione sin dall'infanzia»

Prendo nota mentalmente di ogni parola mentre il cuore mi si chiude come un riccio completo di aculei.

«Questa gobba sulla colonna non passerà più. Si è formata molto facilmente da una postura contratta e costretta alle intemperie per mesi in quella cassa. Dovrai farlo muovere senza forzarlo, quotidianamente, per vedere nel tempo un minimo miglioramento. Ma sono sicuro che può provocargli dolore e che non si spianerà mai del tutto. Comunque, chiederemo un consulto anche a un bravo ortopedico».

Gli aculei nel mio cuore affondano sempre di più.

Theodoros è bravissimo. Mi guarda fisso negli occhi. Capisce che lo stiamo curando, che ci stiamo occupando di lui.

«La rogna demodettica non è un problema anche se in lui si è sviluppata in modo devastante, aggravata anche dal suo prolungato abbattimento psicologico. Passerà dopo mesi di cura con un farmaco spagnolo di eccellenza. Vedrai che gli crescerà un pelo bellissimo e folto. Le ferite sono già abbastanza a posto, in quel rifugio lo hanno curato davvero bene. Invece mi preoccupa questa zampa, ancora gonfia, dolente e claudicante che, nonostante l'antibiotico potente che sta assumendo da più di una settimana, non migliora. Ma ci arriveremo. Devi solo avere pazienza. Devi dargli il tempo necessario»

Prima guarisce l'anima, poi il corpo

Mentre Tino ora lo palpa ovunque con le mani, mi chiedo se ci sono veramente speranze di salvare Theodoros.

Lo guardo: è così sparuto su quel lettino. Così gobbo, quasi totalmente senza pelo, magro al punto di potergli contare le costole.

Tutto solo faccia. Tutto solo occhi.

«Attenzione: abbiamo un'altra sorpresa» Tino interrompe i miei pensieri. «Avevo già intuito che Theo ha un testicolo ritenuto in addome, ma non mi aspettavo in questa posizione. Ovvero è nel canale inguinale sinistro e ciò significa che, essendo più grande il testicolo del canale, è molto compresso e gli procura un grande fastidio. Se tutto il resto procederà bene, dovremo operarlo appena possibile, anche perché potrebbe facilmente trasformarsi in un tumore. E se in un cane normale questo trattamento chirurgico non desterebbe la minima preoccupazione, per Theo – un trattato vivente di anatomia patologica - nel tempo, anche l'intervento più semplice sarà rischioso se, come credo, è anche un cane cardiopatico».

Ora qualcosa dentro di me si spacca davvero, ma non capisco bene cosa.

Forse la speranza? Il sogno? Devo già mettere in conto di perdere presto Theodoros? Riuscirò a renderlo felice, almeno, anche se per poco?

Esprimo le mie paure a Tino e lui mi risponde improvvisamente freddo, pragmatico: «Tu che ami e che vuoi questi cani lo sai bene che anche quando sono perfetti e sani se ne possono andare in una frazione di secondo e senza preavviso. E sapevi ancora meglio che adottare Theo in queste condizioni comportava un rischio notevole in partenza. Ora faremo tutto il possibile e anche l'impossibile, ma ciò non significa eliminare quel rischio».

Ha ragione e le sue parole psicologicamente mi "ricompattano".

Gli chiedo di fissare al più presto le ecografie cardiaca e addominale, ma lui scuote la testa.

«La prima cura per Theo è acquisire serenità, sentirsi amato. Adesso non lo voglio stressare per nessuna ragione. Ora deve conquistare la sua nuova vita, le sue certezze, la sicurezza del tuo amore per lui. Fra due mesi, dopo le vacanze estive, quando anche le cure per tutto il resto avranno iniziato a migliorare il suo stato fisico, lo sottoporremo alle indagini più invadenti. Per oggi chiudiamo con un esame del sangue completo».

So che con lui non si discute quando è convinto e poi mi fido.

Tuttavia, avrei fretta di capire subito tutto, in particolare lo stato del cuore di Theodoros e mi devo costringere a non insistere.

Gli esami del sangue escludono malattie parassitarie e sistemiche, ma evidenziano una fortissima infiammazione che spinge Tino a fare subito una lastra alla zampa ferita e gonfia.

«Eccola qui: è una brutta periartrite che sicuramente dipende dalle morsicature subite e che per ora non ha trovato soluzione».

Ce ne torniamo a casa piuttosto abbattuti. Né io né mio marito apriamo bocca finché quasi nello stesso momento ci diciamo: «Theo ce la farà!».

Siamo entrambi determinati a farlo rinascere e questo mi dà molta forza.

Ma soprattutto è Theodoros a esserne sicuro: i suoi occhi in poche ore hanno perso quell'ombra nera di dolore e abbattimento. Sono già più luminosi e mi viene quasi da dire che esprimono gioia mentre, rientrando, riconosce ogni angolo della casa e lo ispeziona come a verificarne l'esistenza reale.

La missione di Theodoros

Si sdraia ai piedi della scala, proprio dove si piazzava Joy, nella stessa posizione, e in uno dei miei flash sento che forse è proprio Joy ad accompagnarlo passo passo a conoscere i suoi spazi più amati della casa.

Per esempio, stamattina in attesa della pappa, esattamente come Joy, Theodoros ha appoggiato il muso sopra un fermaporta in tessuto imbottito di sabbia fatto a Bulldog.

Per un attimo, scorgendolo nella penombra, ho preso un colpo perché ho creduto che fosse lei.

Ed esattamente come Joy, in giardino si è subito sdraiato al sole vicino a un'antica panchina inglese per bambini in sasso, sempre a forma di Bulldog.

E ancora come Joy, ama già moltissimo il pianerottolo fuori dalla mia stanza, punto strategico per tenere d'occhio sia me sia il viavai sulla scala.

E poi: ieri sera sono stata nel mio studio per mandare una mail. Lui naturalmente mi ha seguito e, mentre scrivevo, si è accucciato alla mia sinistra, al posto di Joy.

Ma non è finita qui.

Più tardi, prima di andare a letto, senza alcun preavviso, apro l'ascensore e quando sto per prenderlo in braccio, Theodoros mi precede sereno e si appoggia alla parete di specchio in fondo.

Esattamente come faceva Joy.

In realtà, per sicurezza, il nostro ascensore ha il meccanismo di un montacarichi, quindi non bisogna sfiorare la parte anteriore della cabina munita di sensori che ne arresterebbero la corsa.

Non basta dunque salirci, bisogna posizionarsi nel modo giusto e, per quanto riguarda un cane, stare anche molto fermi.

Joy l'aveva capito in fretta. A volte si piazzava davanti alla porta per fare intendere che voleva andare a dormire. Vi entrava, prendeva il posto in fondo, proprio come Theo ora, e stava ferma come una statua fino all'arrivo. Adorava raggiungere la camera da letto senza la fatica di dover fare le scale!

Al contrario, Theodoros ne ha avuto subito il terrore, cosa è successo allora all'improvviso?

Sono stupefatta, troppo commossa, e proprio quando mi abbandono totalmente alla visione fantastica, ma così tangibile dentro di me, di una magica continuità del mio spirito guida dalle fattezze di Bulldog, ne ho un'ulteriore conferma.

Improvvisamente, infatti, mi rendo conto che l'unico posto che Theodoros assolutamente ignora è la cuccia sotto la libreria del soggiorno, dove Joy è volata via.

Lo guardo.
Mi guarda.

Ancora ti stupisci? Come Lulù e Joy, io sono qui con una missione antica: farti vivere la realtà dei sogni, proteggerti dalla tristezza, regalarti la gioia e la speranza, insegnarti che la tua follia è il segreto per non spegnere mai la bambina sempre viva in te, accompagnarti nell'occasione straordinaria della vita, godendo di ogni attimo, dimostrarti che la morte non esiste, è solo un passaggio nella Luce che tutti, uomini e animali, portiamo dentro l'anima.

NOVE

La pancia non risponde

Già dal terzo giorno di vita insieme, preferisco iniziare a far capire a Theodoros che io potrei anche non essere in casa. Da sempre, con i miei cani, cuccioli e non, ho messo in atto sin da subito un "allenamento" alla distanza quotidiana (fino a poco fa avevo un lavoro di responsabilità che mi teneva fuori casa minimo otto ore al giorno) uscendo inizialmente un quarto d'ora, poi mezz'ora, un'ora, ecc… finché fosse loro chiaro il concetto che per un certo periodo della giornata io non ci sarei stata.

È sempre andata benissimo e, pur con l'unica eccezione di Joy che non ammetteva distacchi e mi si attaccava con i denti alle scarpe per non farmi uscire senza di lei, mi sento sufficientemente esperta per questo problema, e con Theodoros non ci ho pensato su nemmeno un minuto.

È ancora stanco dopo la prima visita di ieri da Tino. Dormirà, penso.

Metto il soprabito, afferro la borsa, le chiavi di casa e della macchina.

Ora vado a fare la spesa, Theodoros, ma torno subito. Tu stai qui bravo con i tuoi compagni.

Non avverto risposte empatiche. Raccolgo solo il suo sguardo attento. Le orecchie in su, un accenno di lingua fra le labbra.

Esco. Al supermercato continuo a pensare a Theodoros. Quando non comunica mi allarmo. Faccio tutto di corsa, alla cassa mi accorgo di aver dimenticato acquisti essenziali.

Chissenefrega, tornerò.

Arrivo a casa e non me ne accorgo subito.

Theodoros mi travolge. Si attacca alle mie gambe, mi dà piccoli morsi alle mani.

Ansima, ansima, ansima, e poi comincia a tossire. È una tosse cardiaca, la sua lingua diventa quasi blu.

Non so cosa fare e lo prendo in braccio.

Lo cullo, lo accarezzo, lo bacio.

La tosse sembra diminuire, ma non scompare.

Sono disperata. Mi manca il fiato.

Ci mette almeno dieci minuti a tornare in sé. Io riprendo a respirare ed è a quel punto che vedo davanti alla porta di ingresso una enorme cacca.

Mi domando come non ci sono finita dentro.

Cacca da paura, sicuro. Non da dispetto. Me lo avevano detto che quando ha paura se la fa addosso.

La mia pancia non risponde se temo di non rivederti. È irrazionale. Non vorrei, ma non riesco.

Io tornerò sempre Theodoros. Questa è casa nostra, tu sei al sicuro.

Non mi interessa la casa e nemmeno i miei compagni.

Tutto esiste e ha un senso se esisti tu vicino a me. Se io ti vedo.

La pancia di Theodoros non ha risposto solo altre due volte in mia assenza.

Poi lui ha capito che io ritorno sempre.

Quello che invece non sono mai riuscita a controllare sono il suo entusiasmo e la sua follia quando mi rivede che, a volte, gli provocano ancora brutti attacchi di tosse cardiaca.

Spesso da fuori, prima di rientrare a casa, chiamo mio marito che lo porta in strada al guinzaglio per far sì che mi incontri come casualmente. Non che la cosa cambi di molto, ma è più facile per noi trovare il modo di distrarlo da me.

***

Storia di Carla e Ercole

Carla è un medico, mia grandissima amica. Da suo marito Corrado, che ora purtroppo non c'è più, è stata contagiata dalla passione sfrenata per i Bulldog Inglesi. Ho conosciuto Corrado prima di Carla, più di vent'anni fa, per strada. Io sempre con il chiodo mentale di prendere un Bulldog, lui con il suo, ormai anziano, Bulka, quello che con mio padre (quando lo incontravamo mentre passeggiavamo con i nostri cani) chiamavamo "il Bulldog con le scarpe".

Bulka aveva un problema di allergia all'asfalto e Corrado gli confezionava personalmente delle pantofole in *suède* che gli faceva indossare quando uscivano. Un'indimenticabile, straordinaria visione quella, accompagnata dalle descrizioni entusiastiche di Corrado dei Bulldog che aveva sempre avuto.

Corrado era come me: non poteva fare a meno di questi cani. Si definiva, prima che cinofilo, un "pazzo" per i Bulldog Inglesi.

Bulka morì a 12 anni e mezzo e subito Corrado adottò Ettore, ma io ne venni a conoscenza per caso, incontrandolo con Carla e il nuovo cucciolo mentre portavo a spasso Lulù, anche lei con noi da pochi giorni.

Con i nostri due Bulldog fu facile iniziare a frequentarci. Io ero affascinata dalla casa di Carla e Corrado, una specie di museo-collezione di oggetti a tema: quadri e stampe d'epoca, teche zeppe di statuine inglesi e non, libri stranieri, oggetti di qualunque tipo, compreso uno scopino da bagno! E ogni volta che andavo con Lulù a cena da loro, tornavo a casa con qualcosa in dono: «Prendilo, dài, se ti piace! Io compro tutto doppio e anche triplo per paura di non ritrovarlo!».

A Corrado devo la piena conoscenza di questi animali. Non dimenticherò mai le sue "lezioni", i suoi consigli, le sue indicazioni letterarie. E quando Corrado venne portato via da un male invincibile, Carla restò sola con questa sua grande eredità culturale e passionale.

Ettore che già era un cane ansioso, sentì fortemente l'assenza del suo amico umano e lo diventò all'ennesima potenza. Morì di schianto qualche mese prima di Lulù e Carla cercò subito un Bulldog da salvare. Arrivò Ercole, un magnifico colosso di trentacinque chilogrammi, rinuncia di proprietà. Ercole era troppo bravo, troppo calmo, troppo riflessivo. Carla se ne innamorò finché le fu chiaro perché fosse così tranquillo: aveva una brutta leucemia che gli fece mettere le ali dopo soli due anni. Di nuovo disperata, cercò un altro Bulldog da adottare e trovò quasi subito un secondo Ercole. Un cane meraviglioso e non soltanto per la bellezza. Aveva due anni, era vissuto fin da cucciolo da solo in un giardino, dunque si trattava di un altro cane con un livello d'ansia altissimo. Non ammetteva più di stare solo e se Carla lo lasciava anche soltanto per andare in bagno, quando la rivedeva entrava immediatamente in crisi respiratoria.

Il problema fu quando Ercole iniziò a non stare bene. Il sintomo principale era che non riusciva a deglutire. Carla, come tutti gli appassionati di razza oltre che medico, sentiva che si trattava di una cosa seria (quando un Bulldog non mangia c'è da preoccuparsi davvero), ma tutti i veterinari interpellati non ne capivano la ragione. Perfino il massimo esperto consultato, professore all'università di Veterinaria di Milano che decise infine di operarlo per l'unico intoppo evidente: il palato molle. «...e già che ci siamo, approfittiamo dell'anestesia, allarghiamo le narici e togliamo questo linfonodo ingrossato al collo che forse preme e gli impedisce di mandar giù il cibo».

L'intervento riuscì, ma il sintomo non passò ed Ercole dopo due giorni mise le ali. In ospedale, lontano da Carla che pure correva a trovarlo ogniqualvolta le fosse consentito.

Spesso Carla ancora oggi scoppia in lacrime pensando a cosa deve aver provato Ercole in quelle ultime ore lontano da lei.

E dopo Ercole non è più riuscita ad adottare un altro Bulldog.

***

DIECI

Mi specchio nel tuo silenzio

I cani, tutti, sanno godere al massimo di ciò che hanno. Anche quando ciò che hanno non è tanto, se in cambio sono amati almeno un decimo di quanto ci amano loro.

Theodoros anche in questo è un maestro di vita.

Sin dal primo momento con me, nonostante le infinite ferite fisiche e psicologiche, ha manifestato una gioia di vivere costante.

Quando si sveglia la mattina sembra impazzire dal piacere di rivedermi.

In giardino osserva estasiato piante, uccellini, tartarughe, il cielo, la notte, il sole, la pioggia.

Se siamo al parco, prende piccole rincorse per arrivarmi a sorpresa fra le gambe, come a dire *La felicità è questa!*

Ogni tanto, lo colgo un po' in disparte, in attimi di "riflessione".

Quando sono seri, i Bulldog hanno un'aria un po' arcigna, facilmente equivocabile in stati d'animo negativi o di malessere. Bisogna dire che questi cani non dimostrano mai il dolore, non piangono, per esempio. Non mugolano né guaiscono. Il massimo che può capitare è di vederli accucciati con un atteggiamento mesto. Al terzo Bulldog dovrei saperlo, eppure con Theodoros ora mi pongo un sacco di domande nuove, lo immagino sofferente nel silenzio totale nel quale lo immerge la sua sordità.

In queste occasioni, quando si sente osservato, si gira e mi guarda con i suoi occhi scuri pieni di stelle e se potesse si metterebbe a ridere.

Non posso soffrire se sono con te! Sto ascoltando nel silenzio la felicità che scoppia nel mio cuore.

Effettivamente la sordità di Theodoros mi aveva preoccupata non poco. Temevo in una limitazione drastica dell'interazione fra noi.

Prova a immaginare di non poter dire al tuo cane "No!", "Vieni qui", "Andiamo a spasso"…

Il modo di rapportarsi cambia parecchio.

Ricordo che qualche anno fa fui invitata a presentare un libro intitolato *"Semplicemente sordo"*. L'autore, Luca Scanavacca, è un mediatore zooantropologico docente all'Università Veterinaria di Parma che aiuta le persone con problemi o handicap a ritrovarsi dialogando con se stesse attraverso la comunicazione empatica con animali disabili. In particolare, cani sordi.

In quell'incontro fui incantata dalla descrizione del suo rapporto con esemplari di Pastore Australiano (una delle razze più colpite da questo problema). Infatti, con grandissimo entusiasmo e passione, Scanavacca diceva che la scoperta delle infinite possibilità di comunicazione che si instaurano con un animale sordo gli hanno totalmente cambiato la vita (e il lavoro).

Una sorta di specchio con il "diverso nel diverso" che acutizza i sensi, spinge a lavorare su se stessi per capire l'altro e farci capire da lui su più piani.

Possiedo naturalmente il suo libro e prima di portare a casa Theodoros pensavo di doverci ricorrere, se non addirittura di essere costretta a contattare Scanavacca per una consulenza.

Invece.

È più che evidente che Theodoros non senta nulla. Quando suona il campanello di casa, per esempio, mentre i piccoli si precipitano alla porta abbaiando furiosamente, lui continua a russare.

Eppure sente perfettamente me.

Sarà che mi guarda sempre in faccia. Come a voler cogliere ogni mia espressione per capire cosa voglio che lui faccia o cosa stiamo per fare insieme.

Se è addormentato ai miei piedi e io mi sposto, al momento non se ne accorge, ma dopo qualche istante me lo ritrovo fra le gambe.

Theodoros, nel tuo silenzio io mi specchio e mi ritrovo.

UNDICI

L'intuizione di Tino
(21 luglio 2019)

Sono le 6 e 30 del mattino. Le notti con Theodoros sono sempre inquiete. I suoi fantasmi, dopo quasi un mese, ancora non lo abbandonano e più volte mi devo alzare a controllare che dorma, oppure è lui che scatta fuori dalla cuccia dopo aver fatto pipì nel sonno.

Stamattina sono a pezzi. Vorrei stare a letto, dormire fino all'ora di pranzo per recuperare. Ma lui ora è carico, felice della luce del nuovo giorno, contento di vedere me. Vuole uscire, fare il giretto solito, quando non c'è ancora nessuno, come ci siamo abituati.

Mi sento uno zombie. Uno zombie motivato in questa *corvée* d'amore, ma pur sempre uno zombie.

Rientriamo, facciamo colazione, seguiamo la routine dei farmaci, ci spostiamo nel mio studio.

Io lavoro, lui con Meo e Kuki riprende a dormire.

Che invidia.

Alle 10 squilla il cellulare.

«Ho capito! Ci sono arrivato». È Tino.

«A che cosa ti riferisci?».

«Al perché l'infezione della zampa di Theo non guarisce. È certamente un problema provocato dal cuore. Se, come pensiamo e verificheremo con l'ecocardiogramma, Theodoros è cardiopatico, non riceve sufficiente ossigenazione nel sangue e, di conseguenza, l'infezione non può risolversi nemmeno con gli antibiotici. Ho cambiato idea, facciamolo subito questo esame, prima che partiate per le vacanze. Quando puoi portarmelo?».

Il mio cuore inizia a pompare…

«Quando vuoi».

«Bene. Fissiamo per domani nel pomeriggio. Ti aspetto».

Passo le ore che ci dividono da questa fondamentale indagine con il mio solito atteggiamento irrazionale: da un lato vorrei che il tempo si fermasse e, al contrario, che fosse già domani. Che tutto fosse già passato. Sia quel che sia.

E, mentre finalmente entriamo in ambulatorio, mi viene in mente mio padre quando in casi simili mi diceva: «Questa è solo fifa».

È già tutto pronto, compresa Giusy, l'esperta dello studio di ecografie cardiache.

Stendiamo Theodoros sul lettino e lui sembra molto preoccupato. Gli prendo la testa fra le mani.

Mi guarda.
Lo guardo.

Ehi, amico. Questa va fatta, eh?

Non avverto da parte sua risposte empatiche, solo silenzio, e Theodoros mi si abbandona fra le braccia.

Non è diffidente. Triste, forse.

Tino gli tiene le zampe posteriori e Giusy lo rade, lo spalma di gel e inizia l'indagine.

Nessuno fiata. Giusy ha un'aria preoccupata. Insiste a rivedere cose che non posso capire. Con Tino si scambiano frasi brevi, sibilline.

Dopo un quarto d'ora, Theodoros vuole andarsene. Si muove, scalcia. Ma dobbiamo esaminare l'altro fianco del torace.

Gli stringo la testa. Non posso usare la voce per tranquillizzarlo, provo con l'anima.

Manca poco, dài. Senti fresco? Non fa male, vero? È come una carezza.

E allora cambia faccia anche tu!

Giusy getta sul lettino la sonda.

«Liberatelo pure, ho finito… è una faccenda non troppo bella. Si tratta di una stenosi dell'aorta cardiaca. E per fortuna, per ora, non investe i polmoni. Se nel tempo peggiorerà, sarà necessario un intervento che normalmente è molto rischioso».

Boom! Il mio cuore sembra fermarsi all'istante.

«Iniziamo con una terapia di beta-bloccanti ben dosati e vediamo come va. Fra un paio di mesi ripeteremo un controllo e capiremo se la patologia tende, o no, a peggiorare. Fino a quel momento non se ne parla proprio di intervento di sterilizzazione e asportazione del testicolo ritenuto in addome, naturalmente» conclude Giusy.

«Ci rifletto e ti chiamo stasera per la terapia» aggiunge Tino senza altre parole. Mi pare abbacchiato anche lui.

A casa corro subito a cercare nel Web la definizione di stenosi aortica cardiaca nel cane.

Leggo qua e là affannosamente e senza un ordine logico frammenti sparsi di descrizioni tecniche, assorbendole per quanto la mia assoluta non-conoscenza dell'argomento me lo consenta. E subendo da ciascuna vere e proprie frustate al cuore.

"La stenosi aortica è la seconda cardiopatia congenita in ordine di frequenza nel cane. Si sospetta che per questa malformazione ci sia una base genetica /..../.

La conseguenza di questo difetto è una minore elasticità dell'anulus aortico /.../. Il ventricolo sinistro, nel tentativo di mantenere costante la gittata cardiaca, tende nel tempo a ipertrofizzare in maniera concentrica la sua parete per contrastare il sovraccarico pressorio /.../

L'entità dell'ipertrofia è correlata alla gravità della stenosi aortica (3 classi di gravità) /.../

Purtroppo non esiste ancora una terapia risolutiva. In genere si utilizza un supporto farmacologico, più raramente e a scopo sperimentale si effettua un approccio chirurgico"/.../

Alla visita clinica spesso i soggetti sono asintomatici e l'unico segno clinico è la presenza di un soffio sistolico a diamante (crescendo-decrescendo) sul focolaio aortico di intensità variabile a seconda del grado di stenosi /.../

I sintomi sono pressoché nulli nei casi di stenosi lieve, mentre nei casi più gravi e col passare del tempo, si può riscontrare ridotto accrescimento corporeo, intolleranza all'esercizio fisico, sincopi, aritmie, segni di insufficienza cardiaca congestizia sinistra, fino in alcuni casi a morte improvvisa senza alcun sintomo premonitore.

Mi blocco di colpo. Questa è la classica morte dei Bulldog. Il più grande terrore dei loro compagni umani. Quasi che il loro cuore fosse a scadenza, a un certo punto, senza preavviso, *puf,* si ferma.

La stenosi aortica di Theodoros rende ancora più reale e definito questo quadro a me già purtroppo noto. Non mi lascia spazio alla speranza dell'eccezione che confermi la regola. Quel *puf* mi sta sfidando e imprevedibilmente mi accorgo di accettare lucidamente la sua sfida.

Quando il gioco si fa duro, i duri iniziano a giocare.

Questa la mia reazione inattesa. Dal dramma di pochi attimi fa, alla spinta assoluta a combattere.

Sì, la diagnosi è infausta, ma lui respira bene. È un cane sereno, per niente ansioso, equilibrato nonostante tutto quello che ha passato, e questo ci aiuterà.

E non da ultimo, c'è l'Amore, la nostra medicina più potente. Theo vuol vivere per me.

Di sera, mi chiama Tino.

«Ci aspettavamo qualcosa di serio, ma non fasciamoci la testa. Ho riflettuto sulla terapia e inizierei con 5 mg di beta-bloccante la mattina e 5 la sera. Devi ordinare subito in farmacia la preparazione galenica della ricetta che ti mando».

DODICI

In vacanza
(28 luglio 2019)

Theodoros è con noi ormai da un mese. Fisicamente si sta piano piano riprendendo. Il pelo è migliorato anche se è ancora molto rado, la pelle sempre arrossata e sempre segnata da piccole ferite.

Ogni settimana gli faccio un bagno disinfettante. Ogni giorno seguo con la massima precisione tutte le terapie prescritte da Tino.

Mangia con grande gusto due pappe complete suddivise in tre dosi al giorno per assimilare meglio il cibo.

Uno dei suoi numerosi problemi, infatti, è proprio l'assimilazione. Elimina tutto quello che assume ed è ancora molto magro. Non prende un grammo di peso.

Tino gli ha fatto ogni tipo di esame per concludere che la causa sia la cattiva nutrizione dei primi mesi di vita. Gli ha prescritto dosi massicce di fermenti lattici, ma non vuole aggiungere antibiotici specifici a quelli che già sta assumendo continuativamente per l'infezione alla zampa.

Mi ripete sempre di avere pazienza, di curare l'alimentazione e, soprattutto, di dare a Theo il tempo di trovare un nuovo equilibrio psicofisico.

So che ha ragione, ma non posso evitare di osservare ogni momento Theodoros centimetro per centimetro, respiro per respiro, passo dopo passo, con la speranza di catturare anche il minimo segno di miglioramento.

«Andiamo in montagna» dice mio marito. «Gli farà bene e gli piacerà».

Giusto. È tempo di vacanze. Tino è d'accordo. Fra un mese, al rientro, Theodoros si sarà ambientato e rinforzato e sarà il momento giusto per procedere con gli esami che mancano.

Partiamo. Carichi come un Tir e solo per Theo ho due sacchi pieni di farmaci, fluidi, mangime, lozioni, salviette, creme, gocce per occhi e orecchie. E soprattutto il farmaco per il cuore.

La farmacia è stata velocissima a produrre le capsule di beta-bloccante per Theodoros e abbiamo potuto iniziare subito la cura. Già dal secondo giorno mi è evidente un leggero cambiamento in lui: è più vivace, dorme meno e, soprattutto, cammina un pochino meglio. Non ha perso la zoppia, ma riesce finalmente ogni tanto ad alzare le zampe posteriori alternandole per fare pipì e ciò significa che ha meno dolore alle anteriori, sulle quali deve appoggiarsi.

Theodoros capisce che sta succedendo qualcosa di nuovo, ma è tranquillo e in auto si addormenta quasi subito.

Il viaggio non è lungo, ma ci fermiamo lo stesso per una piccola sosta-pipì. In fondo, per Theodoros questo è il primo spostamento in macchina di oltre un'ora. Lo faccio scendere e lo accompagno a pascolare in un prato vicino all'autogrill. Le persone che ci passano vicino lo osservano sempre stralunate, diffidenti e un po' schifate. Io mi arrabbio. Lo allontano, evidentemente non è ancora "presentabile", devo farmene una ragione anche se io lo vedo magnifico.

Lui mi guarda. Ha gli occhi tristi. Capisce che la gente lo scansa.
Mi accuccio e gli prendo la testa fra le mani. Inchiodo lo sguardo al suo.

Che te ne frega? Guarda me. Guarda come ti guardo io.

E allora perché ti viene da piangere?

Mi viene da piangere perché mi commuovi, Theodoros. Mi viene da piangere perché non voglio più che tu soffra.

TREDICI

(prima)

"La Befa"

"La Befa" è uno chalet su due piani e due entrate indipendenti, posizionato in un punto fra i più belli della Val D'Aosta, fra Saint Vincent e il Col de Joux sulla strada per la Val d'Ayas.

Isolato in un bosco di castagni, offre una vista stratosferica e un'immersione nel sole per tutto il giorno. In fondo, sulla destra, si vede svettare il Monte Bianco e, in certi periodi dell'anno, possiamo assistere a due tramonti del sole che sale e scende fra altezze diverse.

Quando vent'anni fa ci siamo capitati, la casa ci era sembrata un po' misera, forse perché all'interno

dava un'idea di trascurata cupezza per gli arredi orripilanti che tendevano al nero. A mio marito non era per niente piaciuta. Mi ero imposta io di acquistarla, innamorata all'istante del luogo, delle due balze del giardino affacciate sulla valle, dell'enorme tronco di castagno che offriva ospitalità agli scoiattoli, dell'atmosfera magica ed ecologica di un angolo inimmaginabile.

«La chiameremo *"La Befa"*, da Befana per quanto è brutta, ma la farò diventare bellissima» gli dissi.

Bellissima non credo sia mai diventata, ed è rimasta "povera", certo è che ce l'ho messa tutta per allestirla come uno chalet degli gnomi con tendine antiche ricamate con scritte benauguranti tedesche, una diversa dall'altra; ritratti intagliati nel legno di animali locali, balze sul camino, copri tavolini al tombolo, oggetti recuperati da una vecchia casa di montagna.

Insomma, *"La Befa"* è diventata il nostro rifugio, il posto dove amiamo di più passare vacanze e fine settimana

I nostri cani adorano starci e in particolare i Bulldog che apprezzano molto la frescura del bosco d'estate e adorano la neve dell'inverno.

Vorrei aggiungere, anzi, che è stato grazie a Lulù, la mia prima Bulldog, che abbiamo scoperto la Val D'Aosta. Lei infatti era nata a Saint Vincent nella cucciolata della cagnolina di una mia amica e di un famoso campione di allora, Curbo Spencer. Siccome Lulù era attaccatissima a sua madre (che ha sempre riconosciuto come tale, al punto che anche da adulta quando la rivedeva la rigirava e le si

attaccava alle mammelle) e alla sorella rimasta con la mia amica, perché non si perdessero, abbiamo iniziato a trascorrere là gran parte delle nostre vacanze.

Nel giardino basso della *"Befa"* sotto un pino mugo, riposa Poldino, un mio adorato Yorkie, compagno di Lulù, che a sua volta è sepolta con la madre e la sorella sotto una pianta di rose nel giardino della mia amica.

A *"La Befa"* ho conosciuto una volpe che ho incontrato affamata, quasi morta, che ho chiamato Chance e che ho nutrito per due anni; nei mesi caldi ricevo spesso le visite delle mucche da latte che un contadino porta a pascolare nei prati tutt'attorno e ho scoperto la loro dolcezza; in tutte le stagioni ascolto le melodie del vento e mi perdo nei profumi selvatici del bosco, nei ronzii degli insetti.

Una volta a New York, nella Mercer Street, esisteva un piccolo negozio alternativo di giocattoli dove passavo delle ore e uscivo carica di peluche di animali artistici fatti a mano.

Si chiamava *"The Enchanted Forest"*.

Ci ritorno spesso con la mente quando sono a *"La Befa"*.

"La Befa" è proprio il mio mondo incantato.

QUATTORDICI

Sono già stato anche qui

Per raggiungere il nostro chalet, bisogna lasciare l'auto sulla strada e farsi a piedi una trentina di metri. Non sarebbe molto, tuttavia quando si è carichi di bagagli o spesa e con l'aggiunta di tre cani, non è come dirlo.

Faccio scendere Theodoros e decido di lasciarlo libero come Meo e Kuki, senza laccio.

Ho dato un'occhiata intorno e non ho visto pericoli, o altri cani e animali.

I due piccoli conoscono bene la strada e Meo prima di schizzare verso casa si gira a guardare Theodoros. Sembra dirgli: *seguimi*. E deve essere proprio così, perché Theo gli caracolla dietro. Poi si ferma. Si guarda in giro e tenta una corsetta zoppicante verso casa, ma si stanca subito.

Meo lo aspetta.

Io lo guardo.
Lui mi guarda.

Sono già stato anche qui. Lo sai, vero?

E poi riprende il passo dietro al piccolo, in fila indiana, come se davvero qui ci fosse sempre venuto. Ogni tanto si gira a guardare dove sono e il muso gli si allarga in un sorriso.
Gli occhi mi lanciano stelle.

Sei felice Theodoros? Io ci sono. Sono sempre qui...

In poche ore, ha fatto il giro della casa e del

giardino come se conoscesse ogni angolo. In alcuni momenti lo colgo seduto, con il muso in su e gli occhi chiusi a onorare il cielo, il sole, la vita.

QUINDICI

Il senso del tempo

I giorni alla *"Befa"* si snocciolano svelti, uno dietro l'altro, in segno di pace, allegria, amore.

Ogni volta che il tempo scappa in questo modo (sempre!) penso alle mie tartarughe, esenti dal conteggio di ore, minuti, mesi, giorni. Loro mi sembrano eterne. Il letargo invernale ferma ogni cosa e forse le immette di forza dentro il mondo dei sogni. Quando si risvegliano, dopo quattro, cinque mesi, riscoprono questa realtà scavando dentro la terra del giardino, accoppiandosi come se non ci fosse un domani, rosolandosi al sole, divorando insetti e insalata. Vivendo.
Vivendo anni e anni, come la mia più cara, Big Rachele, che ormai credo ne conti più di settanta.

I cani non hanno il senso del tempo, seguono le loro abitudini quotidiane per trovare sicurezza minuto per minuto.

Per i Bulldog le abitudini sono ancora più importanti, quasi una nevrosi, e si mettono in ansia al minimo cambiamento.

Theodoros dopo un paio di giorni qui ha già la sua routine: breve passeggiata nel bosco di primo mattino (non si deve stancare!) dopo, una sosta al bar del paese per caffè (per noi) e tocchetto di brioche (per lui); rientro e pranzo; pisolino; breve giretto in un parco vicino; sonnellino; cena; sonnellino mentre noi guardiamo la tv; giretto in giardino per ultima pipì; cuccia. Stop.

Tutto sembra procedere bene, salvo per tre problemi.

Il primo: non ha superato i fantasmi della notte e, nel sonno, nove volte su dieci fa pipì nella cuccia, si spaventa (sempre i suoi incubi?) e mi viene a cercare.

Il secondo: la sua dissenteria sembra addirittura peggiorare. Non trattiene proprio niente di quello che mangia.

Il terzo: una mattina mi accorgo che perde sangue dal sedere.

Mi allarmo e chiamo Tino.

Lui non sembra preoccupato: presuppone siano le ghiandole perianali piene.

Mi insegna come fare a svuotarle. Io ci provo ma non ottengo nulla.

Naturalmente, anche in montagna abbiamo un bravo veterinario e amico, Franco, al quale chiedo al più presto una visita.

Mi riceve subito.

Credo che non dimenticherò mai questo incontro: non appena vede Theodoros, capisco che Franco resta di sasso. La sua emozione si trasforma in una risata nervosa nel tentativo di stemperare ai miei occhi le sue sensazioni: «Oddio… sapevo che avevi adottato un altro Bulldog dopo Joy, ma non pensavo che… com'è buffo. Un po' piccolino, eh?

E questa gobba? E queste ferite? Ma che occhi ha? Non so cosa dirti. Non ho mai visto un Bulldog così, è incredibilmente stupendo!».

E intanto se lo abbraccia stretto.

Gli spiego brevemente tutta la storia e lui ascolta attento in silenzio mentre lo visita e lo accarezza.

«Per forza perde sangue dal sedere» sbotta poi di punto in bianco. «Questo cane ha delle lesioni interne, come delle piccole cicatrici. Non sono ragadi, sono proprio ferite. Ma cosa gli hanno fatto?».

Non lo so. Non sapremo mai esattamente quali e quante violenze Theodoros abbia subìto.

Mi viene da piangere, ma di sicuro non devo pensarci per non scoraggiarmi, per non rischiare di perdere tempo nelle cure, per non disperdere energie a vuoto.

Uno psichiatra commentando il mio ossessivo e annoso rimuginare su un grande dolore passato, mi disse: «Possiamo ora cambiare le cose? No. Quello che è stato è stato. Impegniamoci solo a guardare avanti, a curare le ferite».

Così sarà per me e Theodoros.

Ci impegneremo a curare le ferite. E a guardare avanti.

Franco mi prescrive una crema che dopo qualche giorno sistema "quelle" ferite e non vediamo più sangue.

Tino invece mi prescrive una dieta specifica e medicata per la dissenteria, da portare avanti almeno due mesi.

Anche questo nuovo cibo, dopo una settimana dà già i suoi frutti.

Theodoros non ha più scariche, mangia con foga, anche se continua a non ingrassare.

***

SEDICI

(prima)

Il posto dei ricordi

C'è chi ha sempre sostenuto che la mia passione sfrenata per i cani sia dipesa dal fatto che non ho potuto avere figli: niente di più lontano dal vero.

Ritengo che quello sarebbe stato davvero un grave problema! In realtà, uno dei motivi principali di gratitudine che provo per questi animali è proprio l'avermi offerto una grande possibilità di salute mentale facendomi scoprire l'importanza dell'essere diversi, la gioia di utilizzare il linguaggio silenzioso dei sensi infantili, l'insegnamento primario del rispetto per l'altro, il valore della dignità, della lealtà, del perdono, il dono di godere di ogni attimo della vita come fosse l'ultimo.

E la sorpresa di poter incamerare i ricordi in un bagaglio interiore che non deve essere fonte di malinconia ma, al contrario, di felice consapevolezza di sé e della propria storia.

Il desiderio di maternità mi ha accompagnato fin dall'infanzia. Quando mi sposai la prima volta ero determinata a cercare fin da subito un figlio e pretesi di avere un cane. «Quando nascerà il nostro bambino dovrà trovarlo già qui, crescere con lui» spiegai al mio giovane marito.

Invece.

Quel bambino non arrivò mai, restò racchiuso in un sogno ricorrente che sopraggiungeva in ondate di dolore che, a loro volta, nel tempo, scavavano un vuoto angosciante di frustrazione.

In quegli anni molti cani si sono alternati al mio fianco, ma mai con nessuno, per fortuna, ho equivocato il mio ruolo o il loro.

Ero troppo attirata dalla relazione unica che si instaura con questi animali: un affetto di riferimento parallelo agli altri, uno specchio ancestrale, un contatto costante e terapeutico con l'istinto, strumento che personalmente ho sempre ascoltato troppo poco.

Per questo detesto l'umanizzazione di un cane. Il vestirlo da bambola, parlargli in falsetto, coprirlo di profumo.

Capisci bene che mi sarebbe impossibile scambiare un cane per un figlio!

I ricordi dolorosi però, spesso si accumulano più di quelli felici e così anche ripensare a quel bambino mai avuto o all'occasione mancata per mille motivi di adottarne uno avrebbe potuto rimanere una pericolosa ferita sanguinante se i miei cani, e soprattutto le mie Bulldog, non mi avessero regalato momenti irripetibili di consolazione e supporto.

Passeggiate solitarie nella natura, contatti empatici fortissimi, silenzi determinanti per elaborare solo con me stessa, senza giudizi o pregiudizi, un passaggio tanto critico dell'esistenza.

***

DICIASSETTE

Si chiama "fusione"

Sin dal primo momento del nostro incontro, Theodoros ha dimostrato di non potermi perdere di vista. Dove sono io vuole essere anche lui.

E io devo stare molto attenta se mi sposto, soprattutto quando dorme.

Lui non sente, e quando si accorge che non gli sono più accanto, mi cerca ovunque. Sale e scende di corsa le scale, entra in ogni stanza, esce in giardino. Ansima…

Questi sono gli unici momenti in cui riconosco che perde il suo incrollabile e incredibile equilibrio, momenti in cui diventa ansioso e che per il suo cuore vanno assolutamente evitati.

Anche i miei due piccoli mi seguono, anche Joy e Lulù lo facevano, ma non con il problema palpabile di perdermi di vista, con la missione primaria di starmi accanto.

Così, quando decido di cambiare zona della casa, ora prima lo sveglio con una carezza. Lui apre un occhio, si alza all'improvviso e mi segue tranquillo.

Giorno dopo giorno, mi accorgo di avere una sorta di gamba in più, un'estensione di me stessa. Finché non vado a letto, nemmeno lui raggiunge la sua cuccia. Finché non finisco di rassettare la cucina dopo mangiato, nemmeno lui va a sdraiarsi sul divano. E più stiamo appiccicati, più la nostra empatia cresce. I nostri "discorsi" sono sempre più frequenti e fitti.

Siamo una coppia sempre più stretta.

La nostra Theodoros è una fusione.

Così deve essere!

Se cerchi la definizione di "fusione" trovi questo:
"In psicologia si definisce rapporto fusionale quello tipico delle prime fasi dello sviluppo affettivo, in cui il bambino non differenzia tra sé e l'altro, e la madre facilita questo legame interpretando e soddisfacendo i bisogni del bambino attraverso una identificazione con lui".

Ed ecco che qui io ritrovo ancora una volta il senso delle mie emozioni. La continuità affettiva perduta dell'infanzia, solo che non sono la madre di Theodoros e io e lui possiamo andare avanti così all'infinito, senza i problemi che un legame fusionale fra umani comporterebbe! Anzi. Arricchendoci d'amore l'uno con l'altro per tutto il tempo che abbiamo da vivere insieme.

Io sono tua madre, tuo padre, tuo figlio, il tuo compagno, tuo fratello. Io sono il custode dei tuoi sogni, dei tuoi ricordi, della tua fantasia, della tua follia.
Io sono dentro di te. Io sono te.

Esagerato Theodoros! Scherziamoci su, altrimenti mi spavento. Tu sei soprattutto il mio fidanzato.

DICIOTTO

(prima)

Storia di Sara e Nenny
(marzo 2019)

La passione sfrenata per i Bulldog Inglesi, è stata propulsiva per legarmi attraverso i social a "matti" come me e a gruppi italiani e stranieri dedicati alla razza.

Chattando e seguendo via via i folli appassionati di questi cani, avevo notato che Sara, una giovane, deliziosa ragazza, aveva coronato il mio stesso sogno dopo una vita adottando Nenny, un Bulldog bianco e tigrato di rara bellezza e fierezza. Ma non solo: dalle immagini che quotidianamente lei postava su Facebook, Nenny mi sembrava assolutamente consapevole della sua potenza empatica. Posava volta per volta comunicando emozioni e sentimenti antichi, quelli che io ho sempre riconosciuto nei Bulldog Inglesi come una caratteristica quasi esoterica, archetipica, onirica.

Nenny mi ammaliava con ogni suo sguardo, mi catturava, mi chiamava, mi confermava la commozione che provo da sempre di fronte al silenzioso, potente contenuto dell'anima dei Bulldog così strettamente e misteriosamente legata al nostro inconscio.

Nenny, come tutti i suoi simili, mi faceva anche molto ridere mentre seguivo le immagini delle sue capriole nel verde delle montagne valtellinesi che tanto amava, o quando coglievo in certe sue pose atteggiamenti di paziente saggezza, intelligente tolleranza e consapevole superiorità.

Insomma, Nenny era fra tutti il mio preferito e non riuscivo a non commentare non foss'altro che con un'emoticon le fotografie di Sara, sempre cariche di una gioia infinita e irrefrenabile.

È così che io e Sara abbiamo iniziato a conoscerci di più: lei mi parlava di Nenny e io di Joy, e piano piano abbiamo scoperto di avere molti tratti emotivi in comune, nonostante una decisa differenza di età.

Quando uscì il mio libro *"Facce da sballo-meglio un Bulldog della psicoanalisi"* (www.ioleggoconjoy.com, ottobre 2018) Sara ne fu una lettrice entusiasta, ne acquistò cinque copie e mi inviò la fotografia di Nenny seduto nel mezzo.

Un'immagine indimenticabile, con il mio testimonial del cuore, che girò con inimitabile successo in tutti i social.

Sara è una ragazza molto riservata e quando all'improvviso, alla fine di marzo del 2019, mi comunicò che Nenny stava da qualche tempo molto male e che forse se ne stava andando, mi aveva colto totalmente di sorpresa. Una dolorosissima sorpresa.

Conoscevo bene il suo amore fusionale per Nenny e viceversa.

Sapevo bene cosa significa perdere il primo cane, e sapevo bene cosa significa perdere un Bulldog.

La faccenda più strana fu che, a parte il dolore che immaginavo provasse Sara e che condividevo con strazio, mi accorsi di essere io stessa disperata di perdere Nenny, nonostante non l'avessi mai incontrato. E, contestualmente, avvertii chiaro e forte un altro messaggio: la mia Joy lo avrebbe seguito a breve.

Non chiedermi perché, non te lo so spiegare razionalmente, ma lo sentivo con angosciante lucidità.

Joy aveva la stessa età di Nenny, nove anni. Stava benino, ma in certi momenti, la scoprivo perdersi in riflessioni solo sue. A volte invece mi osservava con uno sguardo intenso che mi ricordava quello di Lulù, la mia prima Bulldog, nei suoi ultimi giorni di vita. Uno sguardo preciso, più consapevole e protettivo verso di me che nostalgico. Realista.

Prepariamoci sembrava dire.

Ancora una volta, purtroppo, non mi sbagliavo.

Nenny ha messo le ali il 13 aprile e Joy il 19 giugno, due mesi dopo, per un tumore al cervelletto improvviso e fulminante.

***

DICIANNOVE

Ritorno alla realtà
(25 agosto 2019)

Sto recuperando abiti, medicinali, guinzagli, impermeabili per fare i bagagli per il rientro a Milano, e non è cosa da nulla. Alla *"Befa"*, dopo un mese, abbiamo perso totalmente ogni dimensione cittadina. Da un lato mi dispiace rientrare, dall'altro non vedo l'ora di ritrovare la mia casa, le tartarughe, il mio lavoro, i miei fratelli, gli amici.

Durante le vacanze Theodoros ha fatto grandi passi avanti. Il suo pelo è cresciuto. Gli esiti delle lesioni passate sono meno visibili perché ormai è quasi tutto bianco compatto, come un orsetto. Solo sulle orecchie ha qualche pois nero, tipico della sua razza. Anche la gobba sulla schiena mi sembra sensibilmente migliorata e cammina più in assetto, senza troppo "virare di bolina", come definisce mio marito il suo modo di caracollare tirando a sinistra.

Il peso invece è stabile su sedici chilogrammi.

Non può ingrassare finché continua la dieta medicata, ma almeno la pancia si è sistemata e fra poco potrò provare a cambiargli il cibo.

Sei il mio principe meraviglioso, Theodoros.

Non mi sono mai dimenticata del cuore di Theodoros, certo che no. Ma il suo attuale ritrovato benessere mi conforta e poi si sa che certi pensieri quando si è felici tendono a posizionarsi in piani psicologici di difesa. E di speranza.

Qui in montagna sono stata sempre molto attenta a non forzare Theodoros e anche lui lo è stato. Si è sempre economizzato, forse perché dopo qualche minuto di attività avverte che qualcosa non va e si ferma di colpo.

Mi guarda.

Di più non riesco. Ne avrei voglia, ma non riesco. Ci fermiamo qui?

Certo che ci fermiamo qui. Ci sediamo vicini e guardiamo l'erba, le farfalle, i fiori, le montagne. E intanto tu ti riposi.

Ricarichiamo la macchina come un Tir e prendiamo la via del ritorno.

Theodoros dorme già. Io ho nuovi pensieri.

Penso che è arrivato il momento della verità. Appena rientrerà Tino a fine settembre, potremo procedere con l'ecocardiogramma di controllo e avremo il quadro completo della situazione cardiaca del mio cane straordinario.

Penso che ne usciremo insieme, e ancora mi commuovo.

Sia quel che sia.

Ho sempre cercato di non piangere nei momenti difficili dei miei cani per non spaventarli, ma che fatica!

Theodoros naturalmente mi "sente" e alza la testa dal bagagliaio, puntandola in su come suo solito.

Qualcosa non va?

Be'... potrò avere i casi miei oltre a te, o no?

No. Non mi inganni. I casi tuoi sono anche i miei, soprattutto quando riguardano me. Io sono in te, ricordatelo. E non essere triste. Mai. Adesso siamo qui, insieme. È solo questo che conta.

VENTI

La svolta

Io ho sempre visto Theodoros bellissimo quindi non mi rendo conto se ancora può disturbare la sensibilità del prossimo, così decido di inaugurare l'arrivo a Milano provando a uscire alla luce del sole per verificarlo subito. Gli metto il laccio e usciamo.

C'è il sole e pochissima gente.

Facciamo un lungo giro in tondo nell'isolato e quando imbocchiamo una parallela della mia via per tornare a casa mi sento osservata da un uomo alto e magro, con una ventiquattrore in mano.

No, veramente non sta guardando me, sta guardando Theodoros.

Accelera. Penso stia per avvicinarsi, ma invece si mette a gridare un nome inglese di donna verso una delle villette.

«Come! There is an English Bulldog here!».

All'istante appare una bella signora, elegantissima che si china su Theodoros e lo abbraccia: *«Oh! You're handsome! What's your name?»*.

Sorride con le mani a coppa intorno al muso del cane, poi mi guarda e dice in perfetto italiano: «Mi scusi, ho appena perso la mia, mi manca tanto».

Theodoros è sconcertato, stranito. Non è abituato a essere toccato e accarezzato da estranei. Direi che sembra incredulo.

«Si chiama Theodoros, ma è sordo, può chiamarlo come vuole» rispondo ironizzando per vincere l'emozione.

Sempre a terra, la donna intravede gli esiti delle lesioni sulla zampa.

«Oh, poor baby, what's happened here?».

«È una storia lunga» le dico, «ha subìto parecchie violenze… vede com'è gobbetto? E vede come è gonfia quella zampa? Ha vissuto in uno scatolone su un balcone per mesi ed è rimasto così, piccolo e stortino. Ma ci stiamo riprendendo e diventeremo bellissimi».

Lei alza il viso intenso e vedo che ha gli occhi lucidi mentre mi risponde: «Ma Theodoros *è già* bellissimo. Lo sa che per noi inglesi i Bulldog più sono strani più sono belli?».

Poi si china, lo bacia di nuovo, gli sussurra: «Sono felice di averti conosciuto Theodoros, spero di incontrarti ancora» e rientra di corsa in casa.

La prima prova di uscita in pubblico è stata decisamente fantastica. Un pieno di autostima per Theodoros che alterna lo sguardo da me all'uscio della villetta dove è scomparsa la sua prima grande fan.

A lei piaccio come piaccio a te?

No, Theodoros, come piaci a me è impossibile!

VENTUNO

Le ragioni del cuore

Tino, ancora una volta, ha avuto ragione. Alla fine di settembre la zampa di Theo si è sgonfiata, l'infezione è quasi del tutto passata. L'ossigenazione del sangue ottimizzata dai beta-bloccanti, evidentemente, ha fatto la differenza.

E ora siamo qui in ambulatorio, in attesa del controllo ecocardiologico il cui esito indicherà se sarà possibile anche intervenire chirurgicamente con l'asportazione del testicolo ritenuto.

Theodoros punta il muso in su e si appoggia alla mia gamba. È tranquillo. Non ha paura.
Ha già avuto modo di capire dove ci troviamo.

Tino lo prende in braccio, lo coccola e lo mette sul lettino. Giusy è già pronta con la sonda in mano.

Inizia l'esame, io gli tengo la testa, Tino e mio marito le zampe posteriori, ma Theo è più calmo della prima volta. Da quando viviamo insieme ho notato che a lui basta capire una volta sola le cose.

L'esame è appena iniziato e, mentre registra immagini e dati rilevati dal video, Giusy già esulta.
Sembra quasi incredula. «La stenosi c'è, naturalmente, ma il cuore funziona come fosse normale! Abbiamo azzeccato la dose di beta-bloccante. Evviva!».

Dopo un'accurata e lunga indagine da un fianco e dall'altro, la conferma: «Può anche essere operato. Il rischio è uguale a quello che correrebbe un cane sano».

Mi viene da piangere, ma questa volta di gioia.
Questo era il dato fondamentale per poter andare avanti.

Abbiamo superato più di metà del cammino, Theodoros!

Fissiamo l'appuntamento per la chirurgia dopo quindici giorni e, nel frattempo, Tino vuole anche il consulto di un bravo ortopedico che valuti la situazione ossea di quella colonna vertebrale alterata e della zampa fino a poco tempo fa infetta.

Storia di Claudia e Clara

(prima)

Come Sara, ho conosciuto Claudia nei social, attraverso i gruppi di appassionati della razza Bulldog Inglese. Prima di lei (e sono sicura che se mi legge non me ne vorrà, anzi!) ho notato Clara, la sua anziana Bulldog bianca e miele attraverso le immagini che Claudia ogni giorno postava della loro entusiastica vita d'amore "fusionale".
Claudia e Clara vivono sul mare. Adorano il mare, come Sara e Nenny adoravano le loro montagne.

E, se Nenny si rotolava in capriole magistrali nell'erba e nella neve, Clara si sdraia sulla spiaggia deserta di primo mattino, sguazza nell'acqua dove può toccare, e al tramonto si immerge nell'orizzonte con Claudia, sua anima gemella.

Difficile vederle staccate nelle fotografie quotidiane. Sono quasi sempre abbracciate strette.

Ma sono stati soprattutto i video di Clara ad attirarmi come una calamita.

Clara, nel momento in cui scrivo, ha quattordici anni e mezzo, un'età quasi impensabile per un Bulldog Inglese.

Claudia (bravissima!) la spinge a muoversi, a fare qualche passeggiatina in vie o angoli sicuri e Clara, lentamente e un po' rigidamente, segue la sua amica del cuore.

Il suo muso spesso sembra sorridere. I suoi occhi limpidi dicono *Lo vedi che ce la faccio?*.

Ho meno confidenza con Claudia che con Sara, tuttavia da certi suoi post ho inteso che anche Clara abbia e abbia avuto i suoi acciacchi. Ma ogni volta poi Clara si riprende, con la gioia negli occhi.

Sono assolutamente sicura che Clara viva per Claudia.

Sono assolutamente sicura che il farmaco più forte sia l'Amore.

Lunga vita a Clara!

E lunga vita anche al mio Theodoros.

Parte svantaggiato, ma è ben fornito della stessa medicina di Clara.

***

VENTIDUE

Il check-up continua

Entrando nella clinica veterinaria dove riceve la specialista di ortopedia indicata da Tino, mi sento male.

Proprio qui infatti, solo tre mesi fa, venivo un giorno sì e l'altro sì, con Joy per le valutazioni dei vari specialisti sui sintomi improvvisi che l'avevano squassata togliendole quasi totalmente l'equilibrio. Fino alla decisione corale nel giro di una settimana di effettuare una Tac, ritenuta un po' l'ultima spiaggia per un Bulldog di quasi 10 anni. Tac che mostrò un piccolo, micidiale tumore al cervelletto inoperabile.

E due giorni dopo Joy aveva messo le ali.

Rivedo i fotogrammi di quella settimana orribile e non mi accorgo dell'arrivo della dottoressa.

«Oh… povero piccolo» le sfugge congiungendo le mani prima ancora di presentarci. «Ma cosa gli è successo?».

Ormai sulla storia di Theodoros potrei tenere conferenze e dibattiti a braccio. Ma ho pure imparato a esporla in una sintesi efficace, sui punti essenziali, e parto in quarta.

Soddisfatta dell'anamnesi, la dottoressa ci fa accomodare in uno studio dove inizialmente lo visita.

Rileva subito che tutta la parte destra ha meno sensibilità e che per questo lui cammina tirando a sinistra.

«Dipende da questa curva della colonna che valuteremo poi con le lastre» dice seguendo con il dito la gobba di Theodoros.

«Vede? Si inarca qui, e va poi a comprimersi alla fine. In questo modo schiaccia il midollo e provoca la scarsa sensibilità della parte destra di Theo».

Mi assale, di nuovo improvviso, uno dei miei flash: il primo sintomo del tumore di Joy, fu una leggera paresi al lato destro. E da lì in poi iniziò a perdere, appunto, l'uso delle zampe anteriore e posteriore sinistre.

Questa analogia, pur con origini differenti, mi colpisce al cuore.

Sì, è così. È un altro segnale di Joy. Lei è sempre qui. Russa dentro di me. Vuoi sapere chi altro dorme nella mia anima? Ugo, Bambù, Poldino, Oliver, Charlie, Titti, e naturalmente Lulù... ma anche le tue gatte! Sinfi, Ofelia e Tiffany. Noi abbiamo un'anima sola per non lasciarti mai.

Mi fai piangere Theodoros... E tu sarai l'ultimo Bulldog per me?

Questo non lo so. Ancora non prevedo il futuro. Certo è che io mi son fatto l'ultimo degli ultimi per incontrarti, forse intendi questo? Quelli della mia razza sanno sopportare di tutto e di più se hanno un fine. Un fine che può essere anche la morte, se non riusciamo a portare a termine la nostra missione terrena. Ormai ci conosci bene. Siamo tutti dei gran testoni. Ma se io dovessi mettere le ali, non chiudere mai il tuo cuore, come hai fatto sin qui. Altrimenti che ci siamo incontrati a fare?

Questo non lo so. Adesso non posso immaginare di perderti, non fare scherzi. Adesso capisco solo che tu sarai il mio ultimo Bulldog.

«Forse non mi ha sentito… Passiamo alle lastre?».

La dottoressa mi guarda un po' perplessa. Per qualche minuto mi sono persa.

Cambiamo ambulatorio e facciamo stendere Theodoros sul lettino delle radiografie. Poco dopo la macchina si avvia. Lui gira la testa per vedere dove sono. I nostri occhi si agganciano.

«Brutta storia» esordisce la dottoressa davanti al video sul quale poco dopo iniziano a scorrere le immagini della colonna vertebrale di Theodoros.

Una frase che non mi è nuova, ma che non mi colpisce più come all'inizio.

«Theodoros ha una colonna fatta come una grande "S", lo può vedere chiaramente anche lei. È una colonna compressa evidentemente dai mesi di costrizione in quello scatolone all'esterno. Sicuramente il cucciolo si è spesso accoccolato per vincere il freddo o l'umido, e l'immobilismo coatto, insieme a una nutrizione insufficiente, ha contrastato una crescita corretta».

Mentre parla, lo accarezza fino a chinarsi per baciarlo. «Ne hai passate tante, eh? Hai cercato di proteggerti come hai potuto... Sei un cane coraggioso tu» gli sussurra.

Lui guarda me. Lui guarda *sempre* me.

«C'è una soluzione, dottoressa? Forse si può intervenire con fisioterapia, ginnastica, nuoto o, in extremis, chirurgicamente?» provo a buttare lì.

«No. Purtroppo non c'è più niente da fare. Una minima fortuna è l'età del cane. Theodoros è ancora molto giovane. Quindi, compatibilmente con il suo problema cardiaco, ogni giorno dovrà muoversi. Fare brevi passeggiate per tenere allenati muscoli e arti. Ma mi raccomando, non lo forzi mai! È un cane troppo a rischio».

Già. *È un cane troppo a rischio.* Ancora una volta me lo sento dire, ancora un medico me lo ripete. Ancora una botta nel cuore, ma chissà perché non ho paura.

Stiamo per lasciare la clinica quando la dottoressa mi rincorre.

«Veramente c'è una soluzione perché Theodoros vada avanti al meglio possibile» mi sussurra. «Continui a volergli bene così».

VENTITRE

Ancora un fantasma. A sorpresa

Sono ormai abituata a tirare quasi quotidianamente le somme con Theodoros sul nostro programma di rinascita, e stamattina mi sento molto ottimista.

Questo il report attuale di fine ottobre, dopo quattro mesi di vita insieme:

<u>Pelle</u> e <u>ferite</u>: a posto.

<u>Assimilazione</u>: conquistata! Pochi giorni fa gli ho sospeso la dieta medicata e ho iniziato a dargli un cibo inglese molto adatto a cani malnutriti e bisognosi di recupero di forze e peso. In meno di due settimane è già aumentato di 500 grammi.

<u>Infezione della zampa</u>: totalmente passata. Antibiotici e antinfiammatori sono stati sospesi da tempo.

<u>Colonna vertebrale</u>: in stallo, e così resterà per sempre, però abbiamo iniziato a fare brevi passeggiate di primo mattino al parco che Theodoros ama moltissimo perché può camminare libero dal laccio. A volte fa piccole corsette che finiscono in testate nelle mie gambe. Ma più spesso si ferma prima, come se avvertisse un impedimento, un fastidio. Dovrò segnalarlo a Tino, ma non mi sembra una cosa preoccupante.

Penso di più a un dolore che, da bravo Bulldog, non esprime.

<u>Carattere</u>: sempre più meraviglioso, incredibile. Theodoros è un cane sereno, equilibrato, intelligente, poetico, solare, dolcissimo, allegro, ironico e,

soprattutto, felice. Non ha più incubi e non fa più pipì nel sonno.

Non ha perso l'abitudine notturna di venire a controllare che io sia nel letto vicino a lui, e so che ormai non la perderà più, ma forse è anche il suo modo per venire a dirmi una volta di più che mi ama, che è felice.

Ora manca solo la sterilizzazione e la rimozione di quel testicolo in pancia. L'intervento è fissato fra una settimana e io sono già in fibrillazione.

Viviamo in simbiosi perché lui non può stare lontano da me. Ovunque vado io, lui viene. A piedi o in macchina.

Ad alcuni potrebbe sembrare un rapporto ossessivo e troppo vincolante, invece è qualcosa che completa il senso di me stessa.

Theodoros non mi crea alcuna difficoltà: a lui basta stare dove sono io. Nel suo silenzio. Nel suo osservarmi in continuazione. Nella gioia consapevole della conquista di un sogno.

Nel nostro parlarci con l'anima.

Mentre gli metto il laccio per la nostra passeggiata di metà giornata, penso con una pienezza emotiva tangibile che non avrei mai immaginato che sarebbe stata tanto immediata, naturale, inevitabile, un'intesa così forte fra noi.

Non è un'intesa la nostra... io ti amo, e tu?

Anch'io ti amo Theodoros, ma l'amore non basta a volte per capirci come ci capiamo noi. A volte l'amore fa addirittura soffrire. Tu, ecco, per me sei perfetto. Sei complementare, sei la mia anima compagna.

E tu per me sei la vita. Senza di te morirei. Morirei dentro.

Usciamo entrambi felici. Di godere insieme del sole autunnale, di questo giorno luminoso, dei nostri passi sincronici, dei nostri pensieri incrociati come le dita di due mani unite.

Ora molte persone mi fermano. «Che bel cane! Posso accarezzarlo? È bianco come la neve! E che occhi... Meravigliosi!».

Io lo guardo.
Lui mi guarda.

Gli faccio l'occhiolino anche se non può capire. Siamo perfettamente felici.

Scendiamo da una stradina ai lati di una grande area cani vicino a casa e, all'improvviso, Theodoros inizia a tremare come una foglia e si butta a terra con lo sguardo fisso davanti a sé.

Più avanti di una ventina di metri c'è un ragazzo alto e magro, di spalle, con giubbotto e berretto grigio di lana. Sta parlando al cellulare.

È quel tipo che ti fa paura, vero Theodoros?

Non risponde. Nemmeno mi sente. Continua a tremare e a guardare il ragazzo. Non si alza da terra.

Lo prendo in braccio, lo accarezzo.

Non è lui il tuo fantasma, gli somiglia soltanto... Torniamo a casa, dài.

VENTIQUATTRO

L'ultimo scalino

Sul lettino nell'ambulatorio di Tino è tutto pronto.

Un brivido mi attraversa la schiena. L'anestesia per questi cani non è mai facile, e Theodoros è pure cardiopatico.

Vero è, che se il rischio fosse stato troppo alto, Tino non lo avrebbe operato. Me lo continuo a ripetere che mi fido troppo di lui, eppure questo senso di angoscia profondo non mi passa.

Che brutto scherzo sarebbe perderti proprio ora, Theodoros, che siamo arrivati alla fine del tuo programma di cure.

Non te lo dico con l'anima, ho spento la connessione, ma ho così tanta paura.

Fingo di ridere, ti accarezzo.

Tu sei sereno, per fortuna. In questo luogo sei stato curato con tanto amore e tanta competenza. Sei rinato.

Ti guardo.
Mi guardi.

Ti tengo il muso mentre ti fanno la preanestesia.

Sto con te finché non sarai totalmente addormentato.

Continuo a sorridere, ma sento sempre tanto freddo.

Ora sei attaccato a qualcosa che non guardo. Stai per dormire. Ti accarezzo.

Ti guardo.
Mi guardi.

Ehi, andrà tutto bene. Ti aspetto più tardi. Io sono tranquillo. Adesso lo so che torni sempre.

Sei e sarai sempre il mio principe, Theodoros. Il mio principe magnifico. Ricordatelo che non è un sogno.

Esco in strada. Devo tornare fra un'ora a prenderlo. Giro a vuoto con la macchina. I minuti non passano, non riesco a pensare ad altro al di fuori di Theodoros su quel lettino e perdo l'orientamento. Non so più in che via mi sono infilata. Accosto al marciapiede e mi fermo. Aspetto qui.
E finalmente piango.

Quando ritorno, la porta della sala operatoria è ancora chiusa.
«Sei tu?». È la voce di Tino. «Abbiamo finito» dice entrando nella sala d'attesa e fra le sue gambe spunta il faccione di Theodoros.
È già sveglio e in piedi.
Viene verso di me.
Il mio cuore scoppia di gioia.
«Hai visto che si è svegliato?» scherza e alleggerisce Tino, «Quel testicolo era messo proprio in un punto fastidiosissimo. Doveva procurargli

dolore, e non poco. Come capiterebbe a un uomo che portasse sempre le mutande troppo strette!» scoppia a ridere, sollevato anche lui. «Vedrai che migliorerà anche il suo modo di camminare. Adesso portalo a fare pipì e poi a casa. La manutenzione è finita!».

VENTICINQUE

C'è un Bulldog tutto bianco che corre!

Sono bastati pochi giorni dopo l'intervento per poter riportare di nuovo Theodoros al parco.

Lui riconosce subito i suoi anfratti, gli odori. Si tuffa nei cumuli di foglie, osserva Kuki che rincorre le cornacchie, fa caute amicizie con i suoi simili (ha sempre un po' timore dei cani apparentemente dominanti), prende piccole rincorse e mi arriva come una bomba a sorpresa con la testa fra le gambe.

E oggi, all'improvviso, corre.

Corre saltando, un po' scoordinato nei movimenti come fanno i cuccioli. Ma corre.

Corre, e non si ferma come di solito faceva dopo solo qualche minuto.

Corre nel prato in tondo e poi torna da me. È ancora più felice.

Mi guarda.
Lo guardo.

Non ho più male quando corro!

Aveva ragione Tino, Theodoros. Ha sempre avuto ragione Tino!

Ci raggiunge la voce di un ragazzo: «Guarda laggiù, c'è un bellissimo Bulldog tutto bianco che corre!».

Sogni

(30 novembre 2019, da un mio post in Facebook)
*"Non riesco a interpretarlo il sogno che ho fatto
stanotte. In breve: vedevo nella cuccia di uno dei
miei cani muoversi qualcosa sotto la coperta.
Pensavo a un topo e, terrorizzata, ho chiamato mio
marito. Lui ha scostato la coperta ed è volato fuori
un pettirosso meraviglioso che è venuto ad
accoccolarsi fra le mie mani. La prima cosa che ho
provato è pura felicità (povero topo, sarebbe stato
ben diverso con una sua apparizione!) e
l'associazione che ho fatto è la rinascita di Theo
che, ieri, dai controlli generali è risultato perfetto!
Persino il suo cuore fragile con la terapia funziona
come un orologio svizzero! Ha potuto addirittura
essere sterilizzato e operato per un problema che
nel tempo avrebbe dato di sicuro grandi problemi.
Grazie di cuore a Tino Marchisio, amico e
veterinario meraviglioso, e a tutte le massicce dosi
d'amore reciproco di questi nostri primi cinque
mesi insieme!".*

VENTISEI

Il viaggio

Stasera a letto non riesco a prendere sonno per l'emozione di questa nuova partenza.

Penso a come Theodoros proseguirà ora che Tino gli ha regalato una qualità di vita ottimale per il suo stato.

Penso al suo cuore che funziona, ma che ha un danno cronico. Penso alla sua colonna vertebrale che resterà sempre così e, magari più avanti potrà procurargli dolore o accentuare la sua mancanza di sensibilità alle zampe.

Penso, inevitabilmente, a quanto tempo avremo a disposizione insieme.

Penso che, comunque, il tempo a disposizione è sempre troppo breve.

Penso che potrebbe succedere qualcosa a me e a quello che significherebbe per lui.

Theodoros, che fino a pochi istanti fa dormiva profondamente, si avvicina nel buio e alza il muso in su, verso di me.

Pensi troppo tu.
Non devi pensare a niente, ma vivere minuto per minuto il viaggio che stiamo facendo insieme.
Non è importante avere una meta. Quella è solo "l'isola che non c'è". L'importante sono le avventure che vivremo io e te. Belle o brutte, saranno preziose. Ci cambieranno, ci uniranno

*sempre di più e, alla fine, saranno il nostro vero
impagabile tesoro.*

Questa volta sono io a non trovare risposte
empatiche.
Mi alzo, mi inginocchio e con le lacrime agli
occhi abbraccio stretto il mio principe, il mio saggio
spirito guida, la mia anima compagna, il mio cane
venuto dalle stelle.
Poi scendo in studio a cercare i versi che
Theodoros mi ha spinto a rileggere.

ITACA
di Konstantinos Kavafis
("Poesie", trad. F. M. Pontani, Oscar Mondadori,
1961)

*Se per Itaca volgi il tuo viaggio,
fa voti che ti sia lunga la via,
e colma di vicende e conoscenze.
Non temere i Lestrigoni e i Ciclopi
o Poseidone incollerito: mai
troverai tali mostri sulla via,
se resta il tuo pensiero alto e squisita
è l'emozione che ci tocca il cuore
e il corpo. Né Lestrigoni o Ciclopi
né Poseidone asprigno incontrerai,
se non li rechi dentro, nel tuo cuore,
se non li drizza il cuore innanzi a te.*

*Fa voti che ti sia lunga la via.
E siano tanti i mattini d'estate
che ti vedano entrare (e con che gioia*

allegra) in porti sconosciuti prima.
Fa scalo negli empori dei Fenici
per acquistare bella mercanzia,
madrepore e coralli, ebani e ambre,
voluttuosi aromi d'ogni sorta,
quanti più puoi voluttuosi aromi.
Recati in molte città dell'Egitto,
a imparare dai sapienti.

Itaca tieni sempre nella mente.
La tua sorte ti segna a quell'approdo.
Ma non precipitare il tuo viaggio.
Meglio che duri molti anni, che vecchio
tu finalmente attracchi all'isoletta,
ricco di quanto guadagnasti in via,
senza aspettare che ti dia ricchezze.

Itaca t'ha donato il bel viaggio.
Senza di lei non ti mettevi in via.
Nulla ha da darti più.

E se la ritrovi povera, Itaca non t'ha illuso.
Reduce così saggio, così esperto,
avrai capito che vuol dire un'Itaca.

***

ADESSO

Io, Theodoros e il covid19
(giugno 2020)

Ho iniziato a preparare lo scheletro di questo libro quasi un anno fa, raccogliendo gli appunti che via via annotavo sul mio emozionante incontro con Theodoros. In realtà, però, mi sono impegnata su quella che si definisce "prima stesura" all'inizio di marzo, proprio nel periodo peggiore del Coronavirus, sfruttando il tempo della clausura obbligata.

Come per chiunque, la nostra vita è totalmente cambiata, le abitudini stravolte, i tempi dilatati, le uscite limitate e lo stress è diventato un compagno quotidiano.

Per più di due mesi siamo stati isolati in casa. La vita si era capovolta. Ci si alzava la mattina in una sorta di incertezza globale che investiva qualunque pensiero. Eravamo in guerra e avevamo tutti paura. Pur cercando di vincere la morbosità di seguire i tragici bollettini che i media inesorabilmente e incessantemente trasmettevano, non riuscivamo a fare a meno di ascoltarli.

Se prima Theodoros non mi perdeva mai d'occhio, in quei giorni con me era diventato quasi ossessivo, tanto che mio marito aveva iniziato a chiamarlo "Attack", come la colla.

Theodoros avvertiva su di sé tutta la mia ansia.

Dopo più di vent'anni di convivenza con i Bulldog Inglesi - abitudinari al parossismo, testardi e contrari di default a qualunque cambiamento di vita o di habitat - immaginavo di dover "lavorare" parecchio con Theodoros che, oltretutto, porta con sé il passato pesante che ti ho raccontato sin qui e che con noi aveva solo da poco acquisito una sicurezza emotiva e affettiva solida.

Invece.

Theodoros è stato quello della famiglia che si è immediatamente allineato al nuovo regime.

Come un soldatino sempre felice, seguiva tutto quello che la giornata gli offriva purché ci fossi io. Purché non si perdesse un attimo di vita fra noi due.

A un certo punto, proprio nei primi giorni di marzo, mio marito non è stato bene. A parte l'enorme preoccupazione, mi sono trovata sola a dover affrontare qualunque problema in casa.

Dalla spesa, allo smaltimento dei rifiuti, alle pulizie degli ambienti (naturalmente nessuno ha più potuto venire a darmi una mano in casa), alle brevi passeggiate con i cani intorno all'isolato.

Theodoros non mi ha mai lasciato un attimo. È stato un alleato straordinario, una stampella emotiva, un compagno inimitabile che sfumava ogni fatica in un gioco.

Per precauzione, uscivamo per la prima pipì ogni mattina alle sei e mezza. Poi all'ora di pranzo e infine alle nove di sera. Sono orari in cui nel mio quartiere non c'è mai nessuno.

Io mi bardavo di mascherina e guanti in lattice e ci avventuravamo all'esterno.

Quell'esterno che solo pochi giorni prima era una festa: offriva le nostre bellissime passeggiate di primo mattino al parco, incontri con altri cani, sorprese della natura che, nonostante tutto, esplode anche nella metropoli.

E come gli facevano bene quelle passeggiate: la sua gobbetta si era un po' spianata e la zoppia era quasi del tutto rientrata. Per due mesi non è stato più possibile per lui fare esercizio e io ero un po' preoccupata perché a volte mi sembrava tornato indietro, peggiorato.

Quando prima di uscire aspettava che gli mettessi il laccio, mi guardava così velata e strana, ma senza nessun timore né contestazione.

Anche se mi vestissi da Belfagor, Theodoros, tu mi seguiresti comunque, anche all'inferno.

(Lulù e Joy, le mie due precedenti Bulldog, non avrebbero mai ammesso un travestimento simile!).

Mattina e pomeriggio non avevamo mai problemi.

Di sera invece io avevo paura.

Eravamo quasi sempre soli nel buio, io e lui, in questo quartiere centrale ma residenziale, solo di ville e villette, affiancato da piccoli parchi che di notte mi mettevano molta angoscia.

Theodoros lo avvertiva subito. Mi osservava sempre, mi stava al piede e assumeva una camminata tipo trotto, veloce per quanto gli fosse possibile. Si fermava pochissimo ad annusare, non inseguiva i gatti che saltavano da un giardino all'altro, faceva quello che doveva fare e poi riprendeva a testa bassa la via di casa.

Facciamo in fretta!

In dieci minuti giravamo l'isolato e quando tornavamo a casa mi guardava e sapevo che, se avesse potuto, si sarebbe fatto una gran risata.

Ce l'abbiamo fatta anche stasera, hai visto?
Io non ho paura della notte. La notte è misteriosa, piena di segreti. La notte è magica.

Piano piano, è riuscito a far passare anche a me la paura e le nostre passeggiate nel buio divennero giorno dopo giorno sempre più fonte di emozioni. A volte, addirittura, mi fermavo a guardare il cielo, o il Palazzo della Regione illuminato con i colori della bandiera italiana, le persone al riparo dietro le finestre delle ville vicine, e Theodoros adattava il suo trotto un po' stentato al ritmo dei miei passi.

Mi hai insegnato ad amare la notte, Theodoros, come la pioggia e il vento. Tu non hai paura di niente, tu vuoi vivere tutto della vita...

Adorava accompagnarmi in farmacia, uno dei giri che ha sempre amato di più. I farmacisti lo adorano da sempre e da dietro le separazioni in plexiglas si sbracciavano per salutarlo. Ci guardavamo negli occhi e io gli dicevo: «Stai bravo, eh? Seduto». Qualcuno lo chiamava, ormai conoscevano il suo nome, e avevi voglia a ripetere che non sente. «Ma come? Capisce tutto quello che lei gli dice!».

Su, diglielo che noi ci parliamo con l'anima!

E se mi pigliano per matta?

Dal tabaccaio Theodoros era invece un po' perplesso perché il titolare e le commesse portavano una grande mascherina nera, allora se ne stava sulle sue. Apprezzava molto però un incontro che spesso facevamo là, con la padrona di una dolcissima Weimaraner che lo ha sempre amato molto e che conosceva la sua storia.

Anche a distanza di sicurezza, la signora allungava sempre una mano per accarezzarlo.

Quello che a Theodoros piaceva poco, invece, era non potermi accompagnare a fare la spesa. Era abituato infatti a stare in macchina ad aspettarmi nel garage del supermercato, dove un addetto alla sicurezza mi garantiva il suo controllo.

In quei mesi ha capito che non si poteva fare e se ne stava seduto sulle scale a guardarmi uscire.

Torna presto. Io sono qui. Ti aspetto. Torna sempre da me. Torna sempre da noi due...

Caro lettore

Sapessi quanti dubbi mi assalgono alla fine della stesura di un libro...

A volte (e non raramente) persino quello estremo di buttarlo nel cestino!

Per questo, prima di offrirlo a te, come faccio sempre, ho preferito chiedere il giudizio di alcuni lettori-test di mia fiducia. Loro credono che il mio lavoro ti possa coinvolgere e adesso, che sono un po' più tranquilla, li voglio ringraziare.

Grazie a Sara Gianoncelli, giovane amica e appassionata di Bulldog Inglesi, per la lettura più empatica ed entusiasta e l'incredibile, professionale, lavoro di revisione del testo.

Grazie a Pamela, mia sorella, per la lettura impagabile della persona che più mi conosce e per l'indicazione preziosa di un piccolo ma essenziale punto da rivedere.

Grazie all'amica di sempre Roberta Pallavidini, per la lettura più critica. Fondamentale.

Grazie a Camilla Marinoni, amica e scrittrice, per la lettura più faticosa, dal momento che aveva appena perduto Lila, la sua cagnolina.

Grazie ad Alessandro Nodari che, al di là del suo apprezzamento a questo testo, ne ha realizzato la copertina proprio come la immaginavo, e mi ha salvato la vita standomi a fianco nell'avventura di Reading with love.

Infine grazie a te, caro lettore, che mi hai scelto. La tua è la vera prova del nove.

Indice

www.ingramcontent.com/pod-product-compliance
Lightning Source LLC
Chambersburg PA
CBHW020728160726
47993CB00006B/2389